员工创造力
差异化生成机制研究
——基于创新榜样相似性的多重影响视角

潘晓庆 李博 张忠山 朱仁崎 ◎ 著

中国财经出版传媒集团
经济科学出版社
Economic Science Press
北 京

图书在版编目（CIP）数据

员工创造力差异化生成机制研究：基于创新榜样相似性的多重影响视角/潘晓庆等著. ‑‑北京：经济科学出版社，2024.6
ISBN 978‑7‑5218‑5860‑0

Ⅰ. ①员… Ⅱ. ①潘… Ⅲ. ①企业创新‑创新管理‑研究 Ⅳ. ①F273. 1

中国国家版本馆 CIP 数据核字（2024）第 085957 号

责任编辑：程辛宁
责任校对：郑淑艳
责任印制：张佳裕

员工创造力差异化生成机制研究

——基于创新榜样相似性的多重影响视角

YUANGONG CHUANGZAOLI CHAYIHUA SHENGCHENG JIZHI YANJIU

——JIYU CHUANGXIN BANGYANG XIANGSIXING DE DUOCHONG YINGXIANG SHIJIAO

潘晓庆 李 博 张忠山 朱仁崎 著

经济科学出版社出版、发行 新华书店经销
社址：北京市海淀区阜成路甲 28 号 邮编：100142
总编部电话：010‑88191217 发行部电话：010‑88191522
网址：www. esp. com. cn
电子邮箱：esp@ esp. com. cn
天猫网店：经济科学出版社旗舰店
网址：http://jjkxcbs. tmall. com
固安华明印业有限公司印装
710×1000 16 开 11.25 印张 180000 字
2024 年 6 月第 1 版 2024 年 6 月第 1 次印刷
ISBN 978‑7‑5218‑5860‑0 定价：68.00 元
（图书出现印装问题，本社负责调换。电话：010‑88191545）
（版权所有 侵权必究 打击盗版 举报热线：010‑88191661
QQ：2242791300 营销中心电话：010‑88191537
电子邮箱：dbts@ esp. com. cn）

　　由于员工创造力是现代企业发展组织创新以应对复杂多变的商业环境的基础，探索如何培育员工创造力成为管理者和研究者广泛关注的热点话题。树立创新榜样被发现是组织管理者用以驱动员工创造力的最常用方式之一。尽管组织管理者普遍期望和假设员工会效仿创新榜样而更多参与创造性活动，从而产生更高创造力，但是从结果来看，以往既有研究发现个体确实会效仿创新榜样从而产生更高创造力，也有研究发现个体并不会效仿创新榜样从而产生更高创造力。因此，探寻什么因素在影响个体对创新榜样的创造性行为效仿，从而作用于个体创造力成为组织管理者需要解决的一个现实问题。解决这一问题尤为重要，因为只有明确员工对创新榜样的行为效仿以及后续的创造力产出具体受到什么因素的影响，组织才能找到有效措施来推动员工效仿创新榜样而更多参与创造性活动和提高创造力，从而真正发挥树立创新榜样对于员工创造力的驱动作用。然而，目前却较少有研究对此进行考察。基于此，本书对这一问题投入关注，即重点探寻什么因素会影响个体对组织所树立创新榜样的创造性行为效仿，从而作用于个体创造力。考虑到以往研究广泛强调榜样相似性是影响个体对榜样的行为效仿和后续表现的关键因素，本书将聚焦于个体感知与组织所树立创新榜样的相似性所引发的心理和行为反应，并系统探讨创新榜样相似性对个体创造力，尤其是突破性创造力和渐进性创造力的影响效应，以及其中的内在机制和边界条件。

　　结合社会认知理论和社会比较理论的自我评价维持模型，本书提出并检验了创新榜样相似性对个体突破性创造力和渐进性创造力的差异化的"双刃剑"影响效应，以及其中的作用路径和边界要素。一方面，基于社会认知理论，本书提出创新榜样相似性会增强个体对组织所树立创新榜样的学习意愿，使个体在学习创新榜样的过程中构建更强的创新自我效能，进而效仿创新榜样进行更多的创新过程投入，最终产生更高的突破性创造力和渐进性创造力。另一方面，基于社会比较理论的自我评价维持模型，本书提出创新榜样相似性也会引发个体对组织所树立创新榜样的社会比较倾向，使个体在与创新榜样进行向上比较的过程中体验到创新认同威胁，进而减少个体效仿创新榜样而进行创新过程投入的可能，最终不利于突破性创造力和渐进性创造力的产生。而且，本书认为，相较于渐进性创造力，创新榜样相似性对突破性创造力的积极和消极的间接效应均更强。最后，本书还提出团队地位晋升标准会对创新榜样相似性的积极作用路径和消极作用路径发挥相反的调节效应。

本书同时采用定量研究方法和定性研究方法，来对研究模型和假设进行系统考察。定量研究部分，本书首先开展了一个针对 469 位员工及其直接上级的多阶段、多来源的问卷调查研究，来同时实证检验创新榜样相似性对个体突破性创造力和渐进性创造力的积极影响效应和消极影响效应，以及其中的中介机制和边界条件。接着，本书开展了两个分别针对 165 位被试和 200 位被试的情景实验研究，来对整体研究模型进行再次检验，更重要的是对研究模型中变量间的因果关系进行考察，以增强研究结论的内部效度，弥补问卷调查研究的不足。在此基础上，在定性研究部分，本书则开展了一个针对 24 位受访者的深度访谈研究，来更加直接和针对性地了解不同个体在考虑创新榜样相似性时所关注的具体方面，并对这些相似性影响个体突破性创造力和渐进性创造力的内在过程和情境条件进行更加深入、细致和全面的探讨，以对前述定量研究进行补充和拓展。

通过开展上述研究，本书发现，一方面，与组织所树立创新榜样在性格、兴趣爱好、价值观、工作态度、工作处理方式和对事物看法等方面的相似性能够通过创新自我效能和创新过程投入的链式中介作用对个体突破性创造力和渐进性创造力产生积极影响效应。另一方面，创新榜样相似性还会通过创新认同威胁和创新过程投入的链式中介作用对个体突破性创造力和渐进性创造力产生消极影响效应。此外，相较于渐进性创造力，创新榜样相似性对突破性创造力的正向和负向的间接影响效应均更强。另外，本书还发现，团队地位晋升标准会对创新榜样相似性的积极作用路径和消极作用路径发挥相反的调节效应。具体而言，当团队的地位晋升标准更趋向于绝对型时，创新榜样相似性通过创新自我效能和创新过程投入对突破性创造力和渐进性创造力的积极影响将得到增强，而创新榜样相似性通过创新认同威胁和创新过程投入对突破性创造力和渐进性创造力的消极影响将被削弱。而当团队的地位晋升标准更趋向于相对型时，创新榜样相似性的上述积极作用路径将被削弱，而其消极作用路径将被增强。

通过实证考察创新榜样相似性对个体突破性创造力和渐进性创造力的差异化的"双刃剑"影响效应及其作用机制和边界条件，本书不仅为全面、系统和辩证地理解创新榜样相似性的影响效应及作用机理提供了综合的理论框架和实证证据，从而丰富了有关创新榜样及榜样相似性影响效应的研究，还拓展了有关个体突破性创造力和渐进性创造力前置因素和产生机制的研究。而且，本书的结论还可为组织利用树立创新榜样来驱动其他员工创造力，尤其是突破性创造力的管理实践提供参考和启发。

本书系国家社会科学基金重点项目（2023-SKJJ-B-106）、国家自然科学基金重点项目（71832004）、国防科技大学研究生精品课程培育项目"组织行为学"以及研究生优质 MOOC 培育项目"组织行为学"的阶段性成果，本书的研究与完成得到了上述项目的支持。同时，由于笔者水平有限，书中难免有不妥之处，敬请读者不吝批评指正。

目　录

第一章

绪 论

第一节 研究背景

一、树立创新榜样成为组织培育员工创造力的常用举措

为了在当今快速变化且竞争激烈的市场环境中获得生存和发展的机会，企业需要不断进行创新，创新已成为企业获得长期发展和保持竞争力的关键性因素（Liu et al.，2012；Shin et al.，2012；Zhang et al.，2022；Zhu et al.，2022）。企业的创新发展有赖于组织内所有员工创造力的贡献（Lu et al.，2019）。创造力（creativity）指产生与组织中的产品、实践、服务或流程等有关的新颖且有用的想法（Shalley et al.，2004）。员工创造力是组织实现创新的基础（Berg and Yu，2021；Shalley et al.，2004），因此，如何培育员工创造力成为当前组织实践者和研究者广泛关注的话题（Baer et al.，2021；耿紫珍等，2020；刘小禹等，2018；Liu et al.，2020；Xu et al.，2022；赵爽、马君，2021）。为了鼓励员工展现创造力，组织管理者会尝试各种管理举措，其中，树立创新榜样是最常用的方式之一（Li et al.，2021；Shalley and Perry-

Smith，2001）。许多管理者会在组织内选拔出在创造力方面有突出表现的员工，授予这些员工"创新榜样""创新楷模""创新先锋"等荣誉称号，并进行公开表彰和宣传。另外，不少组织管理者在日常工作中也经常会公开表扬那些在创造力方面有出色表现的员工，并号召其他人以这些同事为创新榜样。通过树立创新榜样，管理者一般期望和假设其他员工也会效仿创新榜样而更多参与创造性活动，从而产生更高创造力。

二、探寻什么因素在影响员工对创新榜样的效仿，从而作用于员工创造力是一个重要而较少涉及的议题

然而，员工真的会效仿组织所树立的创新榜样而更多参与创造性活动，从而产生更高创造力吗？实际上，从结果来看，以往有研究发现个体确实会效仿创新榜样从而产生更高创造力（Furley and Memmert，2018；Mueller，1978），但是也有研究发现个体并不会效仿创新榜样从而提高创造力（Halpin et al.，1979；Landreneau and Halpin，1978；Zimmerman and Dialessi，1973）。那么，究竟是什么因素在影响个体对创新榜样的创造性行为效仿，从而作用于个体创造力呢？对于这一问题，目前还较少有研究关注。对于期望通过树立创新榜样来培育员工创造力的组织管理者而言，探寻什么因素会影响个体对创新榜样的创造性行为效仿，从而作用于个体创造力其实非常重要。因为如果无法明确个体对组织所树立创新榜样的效仿以及后续创造力产出具体受到什么因素的影响，组织将难以找到有效的措施来推动员工效仿创新榜样而更多参与创造性活动和最终提高创造力，那么组织树立创新榜样对于员工所真正能够发挥的创造力驱动作用可能会大打折扣。探讨这一问题可以帮助我们更深入地了解组织充分发挥树立创新榜样对员工创造力的驱动效应的前提条件，进而为组织管理者利用树立创新榜样来激发员工创造力的管理实践提供理论参考。因此，本书将对其进行考察，即重点探讨什么因素会影响个体对组织所树立创新榜样的创造性行为效仿，从而作用于个体创造力。

三、创新榜样相似性可能是影响员工对创新榜样的效仿，从而作用于员工创造力的潜在因素

榜样相似性被广泛认为是影响个体对榜样的行为效仿和后续表现的一个关键因素（Austin and Nauta，2015）。例如，多个研究证实，与榜样在种族、人生经历、品位或兴趣等方面的相似性会影响个体对榜样的行为效仿或后续表现（Allen and Collisson，2020；Hilmert et al.，2006；Lee and Shapiro，2015；Marx and Ko，2012）。那么，具体到组织树立创新榜样的背景下，与组织所树立创新榜样的相似性是否是影响个体对创新榜样的创造性行为效仿，从而作用于个体创造力表现的一个重要潜在因素呢？如果是的话，创新榜样相似性会如何影响个体的创造力呢？对以上问题，目前已有的研究还十分有限。虽然以往与榜样相似性相关的研究可以为推测创新榜样相似性与个体创造力间的关系提供参考，但以往研究更多的是聚焦于学业或饮食行为等个体行为表现（Allen and Collisson，2020；Hilmert et al.，2006；Lee and Shapiro，2015；Marx and Ko，2012），而这些行为表现与工作场所中的创造性行为表现也许存在差异，这使得我们难以确定以往研究结论能否完全适用于指导对工作场所中创新榜样相似性的影响效应的理解，可见对创新榜样相似性与个体创造力间的关系进行专门探讨仍然是重要且有必要的。因此，本书将聚焦于创新榜样相似性，并实证考察创新榜样相似性与个体创造力之间的关系。

创新榜样相似性主要指组织所树立创新榜样与个体在个人特征或属性上的相似程度（Liden et al.，1993；Netemeyer et al.，2012），既可以是在年龄、性别、学历和专业背景等人口统计学特征上的相似性，也可以是在观点、价值观、问题处理方式和分析方式等个人深层次特征上的相似性（Lankau et al.，2005）。以往研究强调，由于人口统计学特征无法提供有关个体核心自我的直接信息，并且可能会给刻板印象和偏见的干扰效应留下空间，而价值观等更深层次的特征可以帮助个体对他人有更准确的认识和判断，因此相较于人口统计学特征，在个人深层次特征上的相似性会对个体的行为有着更为稳定和

持久的影响效应（Harrison et al. ，1998；Huang and Iun，2006；Schaubroeck and Lam，2002；Zheng et al. ，2017）。基于此，本书将主要关注组织所树立创新榜样与个体在观点、价值观、问题处理方式和分析方式等个人深层次特征上的相似性。此外，相似性还分为客观相似性和主观相似性，前者指他人与个体在上述个人特征或属性上的客观相似程度，而后者则是个体对他人与自身相似程度的一种主观感受（Huang and Iun，2006）。研究强调，人们都是基于对现实的感知，而不是现实本身而产生反应的（Ferris and Judge，1991）。因此，主观相似性也被认为会比客观相似性有着更强的影响效力，并受到了学者们越来越多的关注（Tepper et al. ，2011）。基于此，本书将主要聚焦于个体主观感知的与组织所树立创新榜样的相似性。在本书中，创新榜样相似性即指个体感知的组织所树立创新榜样与自身在观点、价值观、问题处理方式和分析方式等个人特征或属性上的相似程度。

四、创新榜样相似性对员工创造力可能存在"双刃剑"影响效应

以往研究大多基于社会认知理论强调榜样相似性会对个体行为效仿和后续表现发挥正面影响效应。社会认知理论指出，人们大部分的行为都是通过观察他人（如榜样）的行为而习得的（Bandura，1977，1986）。该理论强调，与榜样的相似性会驱动个体对榜样的行为效仿和后续表现。当看到在特定方面获得成功的榜样在其他特征上与自己越相似时，个体将产生更强烈的向榜样学习的意愿，并在学习榜样的过程中对自身参与活动的能力构建更强的信念，即产生更强的自我效能，进而更有可能增加后续在活动中的投入，获得更好的表现（Bandura，1977）。基于这一观点进行推测，当感知组织所树立创新榜样与自身在价值观、问题处理方式和分析方式等特征上有较高相似性时，个体因而也可能会产生更强烈的向创新榜样学习的意愿，并在学习创新榜样的过程中对自身开展创造性任务的能力构建更强的信念，即产生更强的创新自我效能（creative self-efficacy）（Tierney and Farmer，2002），进而驱动个体效仿创新榜样而增加在创造性过程中的投入，最终展现出更高的创

造力。基于社会认知理论，本书将对这一可能性进行实证考察，即探讨创新榜样相似性是否确实会对个体创造力发挥上述积极影响效应。此外，考虑到以往研究大多仅基于社会认知理论对榜样相似性的正面影响效应进行推导，而真正对这一理论所强调的榜样相似性发挥影响效应的中介机制进行检验的却较少（Andsager et al.，2006；Hilmert et al.，2006），这不利于对创新榜样相似性发挥正面影响效应的过程的理解。因此，本书还将基于社会认知理论对创新榜样相似性与个体创造力之间正向关系的中介机制（即创新自我效能和创新过程投入）进行实证探讨。

另外，尽管以往研究普遍认为榜样相似性会驱动个体对榜样的效仿和后续表现，但是创新榜样相似性与个体创造力之间一定完全是正向关系吗？虽然未明确聚焦于榜样研究，社会比较理论的自我评价维持模型也关注到了与在特定方面有出色表现的他人的相似性的作用，但对其影响效应有不同的预测。该理论认为，在那些对于个体自我定义有较高重要性的方面，当他人有出色表现时，与他人的相似性会引发社会比较，来帮助个体获得有关自我的评价，而这种向上比较会使个体在该方面的自我定义受到威胁，并促使个体减少后续对相关活动的参与（Tesser and Campbell，1980；Tesser，1988）。基于这一观点进行推测，面对组织所树立的在创造力方面有出色表现的创新榜样，与创新榜样的相似性因而也可能会引发个体与创新榜样进行社会比较的倾向。而这种向上比较可能会使个体在创造力方面的自我定义受到威胁，即体验到创新认同威胁（creative identity threat）（Deichmann and Baer，2022），进而促使个体减少后续的创造性活动参与，最终降低产生创造力的可能性。这说明创新榜样相似性也可能会阻碍个体效仿创新榜样而参与创造性过程，从而对个体创造力产生消极影响效应。考虑到以往研究大多仅基于社会认知理论强调榜样相似性的正面影响效应，而较少从其他理论视角来对榜样相似性的影响效应，尤其是潜在负面效应进行探讨，这不利于对创新榜样相似性影响效应的全面理解。基于此，本书还将结合社会比较理论的自我评价维持模型，实证探讨创新榜样相似性是否还同时会对个体创造力产生消极影响效应，并对其中的作用机制（即创新认同威胁和创新过程投入）进行考察。

五、地位晋升制度设计帮助收获创新榜样相似性的正面效应，抑制其负面效应

本书还想探讨的一个重要问题是，如果创新榜样相似性对个体创造力存在"双刃剑"影响效应，那么组织可以如何通过制度设计来更好地收获创新榜样相似性对个体创造力的正面作用，同时抑制其负面作用，以最终提高员工创造力呢？对这一问题，现有研究也还较少涉及。考虑到在组织中，正式地位的晋升是大多数员工最重视的方面之一（Webster and Beehr, 2013），组织在地位晋升方面的制度设计，尤其是地位晋升标准制度设计往往会对员工在工作中的关注点和行为发挥重要引导作用（Lazear, 1992; Webster and Beehr, 2013）。而且，组织树立创新榜样的举措表明了对创造力的重视，暗示着员工在应对创新榜样相似性时在创造力方面的行为表现与个体正式地位晋升之间可能存在关联，地位晋升标准因而也可能会对员工在应对创新榜样相似性时的关注点和行为发挥引导作用。因此，结合社会认知理论和社会比较理论的自我评价维持模型（Bandura, 1986, 1997; Tesser, 1988），本书将从地位晋升制度设计的视角出发，实证考察个体所处团队的地位晋升标准对于创新榜样相似性与个体创造力之间关系的调节效应。地位晋升标准是指"组织赋予员工正式地位时所遵循的依据"（刘智强等，2019），其中相对标准和绝对标准最为典型（Webster and Beehr, 2013）。相对地位晋升标准依据员工与他人相比的所处排序来决定地位晋升，绝对地位晋升标准则依据员工是否达到事先确定的客观标准来决定地位晋升（Connelly et al., 2014; Lazear and Rosen, 1981）。

以往研究强调，地位晋升标准会对个体在工作中的关注点和工作行为发挥引导作用，而相对标准和绝对标准最关键的区别在于引导个体与谁进行比较，进而会对个体行为产生不同作用（刘智强等，2013）。其中，相对地位晋升标准强调与他人进行竞争和比较，会引导个体更多关注对他人与自身工作表现进行比较，而分散个体真正用于提升工作表现的注意力（刘智强等，

2013）。在这种制度设计下，根据社会比较理论的自我评价维持模型（Tesser，1988），创新榜样相似性因而更有可能驱动个体与组织所树立创新榜样进行社会比较，来获得有关自身表现的评价，从而增强创新榜样相似性通过创新认同威胁和创新过程投入这一条路径对个体创造力的负向影响效应。相反，绝对地位晋升标准强调提高自身工作表现以满足客观条件，会引导个体更多与自己进行比较，专注于提升自身工作表现（刘智强等，2013）。在这种制度设计下，根据社会认知理论（Bandura，1986，1997），创新榜样相似性因而更有可能激发个体向组织所树立创新榜样进行学习以提升自我的意愿，从而增强创新榜样相似性通过创新自我效能和创新过程投入这一条路径对创造力的正向影响效应。由此可见，团队地位晋升标准可能对创新榜样相似性影响个体创造力的两条作用路径发挥相反的调节效应，本书将对此进行考察。

六、创新榜样相似性对突破性创造力和渐进性创造力可能产生差异化影响

以往研究大多将创造力视为一个主要在量上存在变化的单一维度概念（董念念等，2023；Kapadia and Melwani，2021；Kim and Kim，2020；罗萍等，2020；Zhang et al.，2020）。然而，有学者指出，创造性的想法既可以是对现有工作方式或流程的微小调整或改变，也可以是与现有的完全不同的突破性产品或服务（Motro et al.，2021；Mumford and Gustafson，1988），即创造力不仅存在量上的区别，更存在质上的差异（刘智强等，2021）。将创造力作为一个单一维度概念进行研究太过简化，可能无法完全捕捉创造力的本质（Gilson and Madjar，2011）。因此，越来越多学者强调要对不同类型的创造力进行区分（Madjar et al.，2011）。其中，有关突破性创造力和渐进性创造力的分类方法受到最广泛的认可和关注。突破性创造力是指显著偏离组织现有实践并为组织提供不同于已有框架、流程、产品或服务的全新想法，渐进性创造力则指仅对现有框架进行少量改变或仅对现有产品、实践、服务或流程提供细微改进的想法（Gilson and Madjar，2011；Madjar et al.，

2011）。以往研究强调，突破性创造力和渐进性创造力在本质特征、形成条件和驱动机制上均存在较大差异，一些因素对于这两种创造力可能会发挥差异化的影响（Gong et al.，2017）。而且，在实践中，不同组织由于其所在行业、所处阶段或所属性质等的差异，可能会对突破性创造力和渐进性创造力有不同的偏好和关注程度。因此，当探讨创造力的生成条件和驱动机制时，如果不对突破性创造力和渐进性创造力进行区分，可能会限制我们对于这一问题的理解，甚至造成有关创造力驱动因素和产生过程的误解，进而也不利于为组织的创造力管理实践提供理论指导（Gilson et al.，2012）。因而，吉尔森和马贾尔（Gilson and Madjar，2011）特别指出，无论是在理论上还是在实践上，对突破性创造力和渐进性创造力进行区分都是非常重要且有必要的。

虽然目前还较少有证据直接证明创新榜样相似性是否会对个体突破性创造力和渐进性创造力产生差异化影响，但已有研究证实，对创新榜样的关注或观察确实会对个体的这两类创造力产生不同影响，即个体渐进性创造力会得到明显提高，而突破性创造力没有显著改变（Madjar et al.，2011）。这说明在创新榜样相关情境下，个体突破性创造力和渐进性创造力确实可能会受到不同影响。因此，在探讨创新榜样相似性对个体创造力的影响效应时，对这两者进行区分也是有必要的。分别探讨创新榜样相似性对突破性创造力和渐进性创造力的影响效应以及其中的差异，不仅在理论上将有助于我们更深入、系统和全面地掌握创新榜样相似性对个体不同类型创造力的影响效应和作用机制，而且在实践上也可以为组织管理者利用创新榜样相似性来针对性地获得所期望的创造力类型提供参考。

综上所述，本书将开展实证研究来系统考察创新榜样相似性对个体突破性创造力和渐进性创造力的差异化的"双刃剑"影响效应，以及其中的作用机制和边界条件，以丰富创新榜样、榜样相似性和个体创造力相关的理论研究，并为组织管理者利用树立创新榜样来培育员工创造力的实践提供参考和启发。

第二节 研究目的与意义

一、研究目的

本书的目的是结合社会认知理论和社会比较理论的自我评价维持模型，系统探讨创新榜样相似性对个体突破性创造力和渐进性创造力的差异化的"双刃剑"影响效应，以及其中的作用机制和边界条件。具体包括以下三个方面：

第一，强调创新榜样相似性会影响个体对组织所树立创新榜样的创造性行为效仿和后续创造力表现，并基于社会认知理论考察创新榜样相似性对个体突破性创造力和渐进性创造力的差异化积极影响效应和内在机制。尽管在组织中树立创新榜样的现象非常普遍（Li et al.，2021；Shalley and Perry-Smith，2001），且以往研究强调榜样相似性会影响个体对榜样的行为效仿和后续表现（Austin and Nauta，2015；Hilmert et al.，2006；Lee and Shapiro，2015；Marx and Ko，2012），目前却较少有研究关注创新榜样相似性会如何影响个体对创新榜样的创造性行为效仿，以及后续的创造力表现，尤其是不同类型的创造力表现。此外，以往研究大多基于社会认知理论来推导榜样相似性的正面影响效应（Andsager et al.，2006；Hilmert et al.，2006），但真正对这一理论所强调的榜样相似性发挥正面效应的中介机制进行实证检验的却不多，这不利于对创新榜样相似性积极影响效应产生过程的理解。基于此，本书的第一个目的是以社会认知理论为理论基础，实证考察与组织所树立创新榜样的相似性是否以及如何通过提高个体的创新自我效能，进而促使个体进行更多的创新过程投入，最终对个体突破性创造力和渐进性创造力产生差异化的积极影响效应。

第二，拓展以往有关榜样相似性影响效应的研究，从社会比较理论的自我评价维持模型这一新的理论视角来考察创新榜样相似性对个体突破性创造力和渐进性创造力的差异化的消极影响效应和内在机制，为理解创新榜样相似性对个体创造力的影响效应提供新的视角。以往研究多基于社会认知理论的视角来理解榜样相似性对个体行为效仿和后续表现的作用（Andsager et al.，2006），而缺乏其他的理论解释。而且，以往研究多聚焦于榜样相似性对个体行为效仿和后续表现的正面影响效应（Austin and Nauta，2015），而较少关注其潜在的负面影响，这不利于对创新榜样相似性影响效应的全面理解。因此，本书的第二个目的是引入社会比较理论的自我评价维持模型这一新的视角，实证考察与组织所树立创新榜样的相似性是否以及如何通过增加个体的创新认同威胁，进而减少个体的创新过程投入，最终对个体突破性创造力和渐进性创造力产生差异化的消极影响效应。

第三，结合社会认知理论和社会比较理论的自我评价维持模型，实证探讨创新榜样相似性对个体突破性创造力和渐进性创造力的"双刃剑"影响效应的边界条件。考虑到正式地位的晋升在组织中受到大多数员工的重点关注，组织在地位晋升方面的制度设计，尤其是地位晋升标准制度设计往往会对个体在工作中的关注点和行为发挥重要引导作用（Lazear，1992；Webster and Beehr，2013）。本书将从团队地位晋升制度设计的视角出发，关注团队地位晋升标准对个体在应对创新榜样相似性时的关注点和行为的引导作用，并实证考察团队地位晋升标准如何对创新榜样相似性与个体突破性创造力和渐进性创造力的正向影响机制和负向影响机制发挥相反的调节效应。

二、研究意义

（一）理论意义

本书预期将对创新榜样、榜样相似性和创造力相关研究有如下理论意义：

第一，通过强调创新榜样相似性会影响个体对组织所树立创新榜样的创造性行为效仿和后续创造力表现，并同时实证考察创新榜样相似性对个体突破性创造力和渐进性创造力的积极影响效应和消极影响效应，本书将帮助拓展现有的创新榜样和榜样相似性相关的理论研究。一方面，虽然组织树立创新榜样的现象很常见，且管理者普遍期望和假设员工会效仿组织所树立创新榜样从而产生更高创造力（Li et al.，2021；Shalley and Perry-Smith，2001），但从结果来看，以往既有研究发现个体确实会效仿创新榜样从而产生更高创造力（Furley and Memmert，2018；Mueller，1978），也有研究发现个体并不会效仿创新榜样从而产生更高创造力（Halpin et al.，1979；Landreneau and Halpin，1978；Zimmerman and Dialessi，1973）。因此，探寻什么因素在影响个体对创新榜样的创造性行为效仿，从而作用于个体创造力成为管理者面临的一个重要问题。然而，目前关注这一问题的研究却还十分有限。而且，尽管以往研究广泛强调，榜样相似性会影响个体对榜样的行为效仿和后续表现（Austin and Nauta，2015；Hilmert et al.，2006；Lee and Shapiro，2015；Marx and Ko，2012），目前却较少有研究关注创新榜样相似性会如何影响个体对组织所树立创新榜样的创造性行为效仿和后续在创造力方面的表现。本书注意到创新榜样相似性的重要作用，并实证检验其与个体创造力间的关系，有助于拓展现有的关于创新榜样的研究。另一方面，以往与榜样相似性相关的研究大多聚焦于音乐品位、学业或饮食行为等个体行为表现（Hilmert et al.，2006；Lee and Shapiro，2015；Marx and Ko，2012），且多强调榜样相似性的正面作用，而较少关注其潜在负面影响（Austin and Nauta，2015；Lee and Shapiro，2015）。本书聚焦于工作场所中的创造性行为表现，并同时实证考察与组织所树立创新榜样的相似性对个体不同类型创造力的积极影响效应和消极影响效应，这也有助于拓展关于榜样相似性影响效应的现有研究。

第二，整合社会认知理论和社会比较理论的自我评价维持模型，本书实证探讨创新榜样相似性对个体突破性创造力和渐进性创造力的"双刃剑"影响效应的产生机制，可为理解创新榜样相似性与个体不同类型创造力间的关系提供丰富的解释机制。以往研究大多基于社会认知理论，来对榜样相似性的正面影响效应进行理论推导，但是较少有研究真正对该理论所强调的榜样相似性发挥效应的中介机制进行实证检验（Andsager et al.，2006；Hilmert et al.，2006），这不利于对创新榜样相似性影响效应产生过程的理解。而且，仅单一地从社会认知理论的视角来解释创新榜样相似性的影响效应也限制了对该问题的全面理解。本书不仅基于社会认知理论来实证检验创新榜样相似性驱动个体提高突破性创造力和渐进性创造力的作用机制（即创新自我效能和创新过程投入），还从社会比较理论的自我评价维持模型这一个新的理论视角来推导和检验创新榜样相似性对个体突破性创造力和渐进性创造力所可能产生的负面影响及其中介机制（即创新认同威胁和创新过程投入），本书的结论可为解释创新榜样相似性与个体不同类型创造力之间的复杂关系提供丰富的视角。

第三，基于社会认知理论和社会比较理论的自我评价维持模型，本书还检验团队地位晋升相关制度因素对创新榜样相似性与个体突破性创造力和渐进性创造力之间关系的调节作用，有助于更加全面深入地了解创新榜样相似性影响个体不同类型创造力的作用情境。本书从团队地位晋升制度设计的角度出发，检验团队地位晋升标准如何分别对创新榜样相似性与个体突破性创造力和渐进性创造力之间的正向关系和负向关系发挥相反的调节效应，能够帮助加深对创新榜样相似性与个体不同类型创造力间关系的更全面了解。

第四，通过探讨创新榜样相似性如何通过创新自我效能、创新认同威胁和创新过程投入的中介作用对个体突破性创造力和渐进性创造力产生差异化影响，本书还有助于拓展关于突破性创造力和渐进性创造力的前置因素和驱动机制的研究。以往有关突破性创造力和渐进性创造力的研究注意到了个体所处情境的重要性，但这些研究主要考察了与组织或领导等主体相关的情境因素对两类创造力的差异化影响（Gilson et al.，2012；Mao et al.，2021；潘炎等，2019），而较少关注和个体同样有密切关联的其他主体，尤其是那些因为各种原因如出色表现而突出于其他人的特殊群体（如组织所树立的创新榜样），以及这些主体相关的一些因素也可能会对两类创造力产生有差异的影响。因此，本书通过实证探讨与组织所树立创新榜样的相似性对于个体突破性创造力和渐进性创造力的差异化影响及其中的作用机制，也有助于促进现有的关于突破性创造力和渐进性创造力的影响因素和形成过程的理解。

（二）实践意义

通过考察创新榜样相似性对个体突破性创造力和渐进性创造力的影响效

应及产生机制，本书结论对于指导组织利用树立创新榜样来培育员工创造力的管理实践也有一定意义。

第一，本书启示组织管理者若想通过树立创新榜样的方式来培育员工创造力，需重视员工对其所树立创新榜样的感知及其后续的潜在影响效应。本书强调，个体感知的与组织所树立创新榜样的相似性会影响其对创新榜样的创造性行为效仿，从而作用于个体的创造力产出。这启示组织管理者，在试图通过树立创新榜样来驱动员工创造力时，需对员工感知的创新榜样相似性等因素所可能产生的影响效应同时进行考虑，并依此采取措施来推动员工效仿组织所树立的创新榜样而更多参与创造性活动和产生更高创造力，这样才能真正有效地发挥树立创新榜样对于员工创造力的驱动作用。而且，与以往研究单一强调榜样相似性的正面作用不同，本书提出与组织所树立创新榜样的相似性可能会对个体的创新过程投入及最终的突破性创造力和渐进性创造力产生"双刃剑"的影响效应。这将启示组织管理者需以一个更加辩证和全面的视角来思考创新榜样相似性所可能发挥的影响效应，并采取措施来尽量利用创新榜样相似性对员工创造力的正面作用，同时规避其负面作用。

第二，激发员工的创新自我效能是创新榜样相似性实现正面效应的内在机制，避免员工体验到创新认同威胁则可为规避创新榜样相似性的负面效应提供途径。本书强调，创新榜样相似性之所以会对个体的创新过程投入以及最终的突破性创造力和渐进性创造力产生"双刃剑"影响，在于其可以促使个体构建更强的创新自我效能，但同时也会引发个体的创新认同威胁。本书的结论将启示组织管理者，在树立创新榜样并引导员工关注创新榜样与他们的相似性时，一方面，还需鼓励员工将组织所树立的创新榜样作为学习的模范，并表达对员工创新能力的肯定和信心，以使员工的创新自我效能得到更好的激发，最终驱动员工增加创新过程投入和提高突破性创造力和渐进性创造力。另一方面，在提及创新榜样与员工的相似性时，组织管理者还应避免比较信息的传达，减少员工与组织所树立创新榜样进行社会比较从而体验到创新认同威胁的可能性，以削弱创新榜样相似性对员工创新过程投入及最终突破性创造力和渐进性创造力所可能产生的负面影响。

第三，驱动员工增加创新过程投入可提高员工产生创造力，尤其是突破性创造力的可能。本书提出，创新过程投入是两类创造力，尤其是突破性创造力的重要驱动因素，而且还是创新榜样相似性影响个体突破性创造力和渐进性创造力的中介机制。这将启示组织管理者，应鼓励员工增加在创造性任务或活动中的投入，并为员工参与创造性活动提供支持。例如，组织管理者可注意培养员工的问题识别能力和增强员工的问题识别意识，以帮助员工对工作中的问题获得更清晰准确的认识。组织管理者还可鼓励和支持员工从尽可能多的途径收集与工作相关的异质性知识，并将这些知识在工作中进行运用。另外，管理者还需在组织中营造一个安全、有活力的氛围，使员工能够放心、大胆和主动地探索和提出各种新颖的想法，尤其是突破性的想法。

第四，相较于相对地位晋升标准，当个体所在团队的地位晋升标准更趋向于绝对型时，更有助于发挥创新榜样相似性对个体突破性创造力和渐进性创造力的积极影响效应，同时削弱其消极影响效应。本书提出，当团队所采用的地位晋升标准更趋向于绝对型时，员工会更加注重向他人学习来提升自我，而减少与他人的比较倾向，从而可能使得创新榜样相似性引发员工更强烈的向组织所树立创新榜样进行学习的意愿，而带来更低的与组织所树立创新榜样进行社会比较的倾向，进而对员工创新过程投入和突破性/渐进性创造力产生更强的正向作用和更弱的负向作用。本书启示组织管理者，在选择和设计地位晋升标准相关的制度时，需要谨慎使用相对地位晋升标准。组织若想充分发挥创新榜样相似性对个体突破性创造力和渐进性创造力的积极影响效应，采用更趋向于绝对型的地位晋升标准可能会更为合适。

第三节　研究方法、研究结构与技术路线

一、研究方法

通过采用定量研究法与定性研究法相结合的方法，本书将对创新榜样相

似性与个体突破性创造力和渐进性创造力间的关系进行系统探讨，并深入探索这一复杂关系的作用机制和边界条件。本书所采用的研究方法具体如下：

（1）文献研究法。本书将首先采用文献研究法对现有的关于创新榜样相似性、突破性创造力和渐进性创造力的文献进行回顾和系统性梳理，以厘清关键概念的定义与内涵，掌握相关的测量方法，把握当前研究的发展脉络、已有成果和研究局限，从而为后续理论模型的构建夯实文献基础。

（2）问卷调查法。本书将采用多时点多来源的方式收集问卷调查数据，即在不同的时间点同时从员工及其直接上级处获取问卷调查数据，来对本书的理论模型进行实证检验。此外，为了增强研究结论的外部效度，本书将在不同行业的不同企业开展问卷调研。

（3）实验法。本书还将开展情景实验研究，即通过对研究模型中的自变量创新榜样相似性和调节变量团队地位晋升标准进行实验操纵，进而观察个体后续在创新自我效能、创新认同威胁、创新过程投入以及突破性创造力和渐进性创造力等方面的表现，以检验研究假设，并帮助建立研究模型中变量间的因果关系，增强研究结论的内部效度。

（4）定性研究法。此外，本书还将采用访谈法来获得定性研究数据，并通过对定性文本数据进行主题分析来提炼出与研究问题相关的主题，以更加直接和针对性地了解不同个体在考虑创新榜样相似性时所关注的具体方面，并且对这些相似性影响个体突破性创造力和渐进性创造力的内在过程和情境条件进行更加深入、细致和全面的探讨。

二、研究结构与技术路线

本书将紧紧围绕"创新榜样相似性对个体突破性创造力和渐进性创造力的差异化多重影响效应及作用机制"这一议题展开层层深入的探索，具体的研究开展主要涵盖四个阶段。第一阶段为文献梳理，为整体研究奠定理论基础。第二阶段为理论模型构建和假设提出。第三阶段为实证研究，包括定量研究和定性研究。其中，定量研究具体包括两个研究，首先开展多阶段多来源的问卷调查研究，对整体研究模型和假设进行检验。在问卷调查研究的基础上，继而开展两个情景实验研究来对整体研究模型和假设进行再次检验，并对研究模型中变量之间的因果关系进行检验，以增强研究结论的内部效度，弥补问卷调查研究的局限性。在此基础上，定性研究则对创新榜样相似性影响个体突破性创造力和渐进性创造力的内在过程和情境条件进行更深入、细致和全面的探讨，来对定量研究结论提供补充和拓展。最后，第四阶段为总体研究结论和未来展望，将对本书的重要发现进行讨论和总结，指出本书所存在的局限性，并对未来研究进行展望。

本书共含六个章节，各章节的具体内容如下：

第一章为绪论。主要从组织管理实践出发，结合理论研究现状引出研究问题，阐述研究目的和研究意义，并介绍所使用的研究方法以及研究创新点。

第二章为文献综述。主要包括四个部分，首先，对创新榜样相似性相关的概念内涵、测量方法以及影响效应的现有研究进行梳理和总结；其次，对个体突破性创造力和渐进性创造力的概念内涵、测量方法以及前因研究进行梳理和总结；再其次，对创新榜样相似性与个体突破性创造力和渐进性创造力之间关系的相关研究进行梳理和总结；最后，结合创新榜样相似性、个体突破性创造力以及渐进性创造力的相关研究现状进行总体文献述评。

第三章为整体研究模型的构建和假设的提出。在这一章节，本书将结合社会认知理论和社会比较理论的自我评价维持模型，构建创新榜样相似性对个体突破性创造力和渐进性创造力的"双刃剑"差异化影响效应模型，进而提出相应的研究假设。

第四章为定量研究。采用问卷调查法和情境实验法来对整体研究模型进行实证检验。具体而言，在这一章节，本书将首先开展一个多阶段多来源的问卷调查研究，来同时实证检验创新榜样相似性对个体突破性创造力和渐进性创造力的差异化的积极影响效应和消极影响效应，以及其中的中介机制和边界条件。接着，采用情境实验法来对整体研究模型再次进行检验，并对研究模型中变量间的因果关系进行考察，以增强研究结论的内部效度，弥补问卷调查研究的局限性。

第五章为定性研究。在这一章节，本书将采用半结构化深度访谈法来获得定性研究数据，并采用主题分析法来对定性研究数据进行分析，来更加直接和针对性地了解不同个体在考虑创新榜样相似性时所关注的具体方面，并且对这些相似性影响个体突破性创造力和渐进性创造力的内在过程和情境条件进行更加深入、细致和全面的探讨，以对前述定量研究进行补充和拓展。

第六章为结论与展望。主要对总体的研究发现进行总结和讨论，阐明本书的理论贡献和实践价值，指出本书所存在的不足和局限性，并对未来研究的发展方向进行展望。本书的整体技术路线如图 1-1 所示。

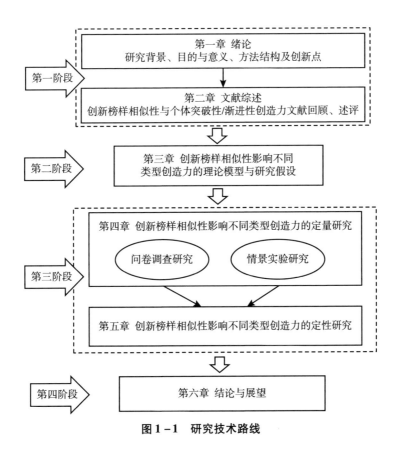

图 1-1 研究技术路线

第四节　研究创新点

本书预期主要有以下三个创新点：

第一，本书首次考察创新榜样相似性对个体突破性创造力和渐进性创造力的"双刃剑"影响效应，可帮助拓展创新榜样和榜样相似性的现有研究。一方面，虽然很多组织会树立创新榜样，且期望和假设员工会效仿其所树立的创新榜样从而产生更高创造力（Li et al.，2021；Shalley and Perry-Smith，2001），但从结果来看，以往既有研究发现个体确实会效仿创新榜样从而产生更高创造力（Furley and Memmert，2018；Mueller，1978），也有研究发现个体并不会效仿创新榜样从而提高创造力（Halpin et al.，1979；Landreneau and Halpin，1978；Zimmerman and Dialessi，1973）。那么究竟是什么因素在影响个体对创新榜样的创造性行为效仿，从而作用于个体创造力呢？解决这一问题对于期望通过树立创新榜样来培育员工创造力的组织而言非常重要，然而目前关注这一问题的研究却还十分有限。另一方面，尽管多个研究强调，榜样相似性会影响个体对榜样的行为效仿和后续表现（Austin and Nauta，2015），但以往研究更多的是聚焦于音乐品位、学业或饮食行为等个体行为表现（Hilmert et al.，2006；Lee and Shapiro，2015；Marx and Ko，2012），且多强调榜样相似性的正面作用，而较少关注工作场所中的创造性行为，探讨榜样相似性会如何影响个体对组织所树立创新榜样的创造性行为效仿和后续在创造力方面的表现。本书首次将创新榜样与榜样相似性的研究相结合，提出创新榜样相似性的概念，并同时采用问卷调查法和实验法等定量研究方法以及定性研究方法，系统考察与组织所树立创新榜样的相似性对个体突破性创造力和渐进性创造力的"双刃剑"影响效应，研究结论可对以往创新榜样和榜样相似性的研究进行有效拓展。

第二，整合社会认知理论和社会比较理论的自我评价维持模型，本书可揭示创新榜样相似性对个体突破性创造力和渐进性创造力的"双刃剑"效应的作用机制和边界条件，为全面理解创新榜样相似性与个体不同类型创造力间的复杂关系提供丰富视角。以往研究大多基于社会认知理论来对榜样相似性的正面作用进行理论推导，但对相关作用机制进行实证检验的却比较少（Andsager et al.，2006；Hilmert et al.，2006），而且仅单一从社会认知理论的视角来理解榜样相似性的作用也不利于对创新榜样相似性影响效应的推测和全面理解。本书不仅基于社会认知理论来推测与组织所树立创新榜样的相似性对个体突破性创造力和渐进性创造力的积极影响效应，并对其中的中介机制（即创新自我效能和创新过程投入）进行检验，是对以往研究的有益补充。此外，本书还首次引入社会比较理论的自我评价维持模型（Tesser and Campbell，1980；Tesser，1988），并基于这一理论推导和检验创新榜样相似性如何还通过创新认同威胁和创新过程投入对个体突破性创造力和渐进性创造力产生消极影响效应。本书结论可有效拓展已有研究观点，为理解创新榜样相似性的影响效应提供新的解释视角。另外，以往研究在探讨榜样相似性的影响效应时还没有对该效应的边界条件进行讨论，本书从团队地位晋升制度设计的角度出发，检验团队地位晋升标准如何分别对创新榜样相似性与个体突破性创造力和渐进性创造力之间的正向和负向关系发挥相反的调节效应，研究结论可进一步加深对创新榜样相似性与个体不同类型创造力间关系的全面了解。

第三，通过实证考察创新榜样相似性对个体突破性创造力和渐进性创造力的差异化影响效应及其内在机制，本书还可拓展关于突破性创造力和渐进性创造力的前置因素和驱动机制的研究。本书不仅意识到突破性创造力和渐进性创造力的本质差异，以及以往研究主要关注工作情境中与组织或领导等主体相关的因素对这两类创造力的差异化影响不同（Gilson et al.，2012；Mao et al.，2021；潘炎等，2019），本书在以往研究的基础上还注意到组织所树立创新榜样这一同样容易获得个体关注且和个体有密切关联的主体，并实证探讨与组织所树立创新榜样的相似性如何有差异地影响个体这两类创造力。由此，本书的结论也有助于丰富关于突破性创造力和渐进性创造力的影响因素和形成过程的现有理解。

第二章
文献综述

第一节　创新榜样相似性相关研究

一、创新榜样相似性的概念与内涵

目前还较少有研究对创新榜样相似性的概念内涵进行具体探讨，也缺乏关于榜样相似性这一概念的成熟定义，但是有关创新榜样和相似性的研究可以为创新榜样相似性的概念界定提供参考。因此，本书将首先分别对概念中的创新榜样和相似性的内涵进行明确，进而对创新榜样相似性的概念内涵进行界定。

（一）创新榜样的内涵

榜样（role model），即行动的模范，一般是指那些在特定领域表现出色的人（Marx and Ko，2012）。在组织中，榜样可能以各种各样的形式存在，例如，销售榜样、爱岗敬业榜样、乐于助人榜样、安全生产榜样和创新榜样等等，但他们都有一个共同的特点，即这些榜样都被认为在各自特定的领域有突出的表现（Marx and Ko，2012）。

创新榜样（creative role model），即指在创造力方面有突出表现的行动模范。在对创造力高度重视的组织中，管理者经常会挑选出那些在创造力方面有突出表现的员工，将这些员工树立为创新榜样或创新模范，并号召其他员工效仿这些创新榜样或创新模范（Li et al.，2021；Shalley and Perry-Smith，2001）。创新榜样可以通过正式形式树立，例如，组织对在创造力领域有突出表现的员工授予"创新榜样""创新楷模""创新先锋"等正式的荣誉称号或奖项，并在组织内进行公开表彰和宣传。创新榜样也可以通过非正式形式树立，例如，组织管理者可能在日常工作中对那些有突出创造力表现的员工进行口头表扬或投入格外关注，并鼓励其他员工以他们为创新榜样。此外，组织所树立的创新榜样和员工内心所认定的创新榜样存在差别。组织通过正式或非正式方式所树立的创新榜样不一定会被员工视为可以效仿的行动模范。这种情况下，组织树立创新榜样的有效性将受到影响。同样地，员工内心所认定的创新榜样也不一定获得组织管理者的表彰。这种情况下，即使该创新榜样没有获得组织正式或非正式的认可，其也可能引起员工的效仿。

考虑到不同个体对于创新榜样的理解和认定可能存在较大差异，而在组织中公开树立创新榜样对于管理者而言更具可操作性，而且这一管理举措确实已在组织中得到广泛运用（Li et al.，2021；Shalley and Perry-Smith，2001），因此本书主要关注组织通过正式或非正式形式所树立的创新榜样，并探讨组织内其他员工对此类创新榜样的感知及后续根据这种感知所产生的反应。

（二）相似性的内涵

相似性一般指他人与个体在个人特征或属性上的相似程度（Netemeyer et al.，2012），既包括在年龄、性别、学历和专业背景等人口统计学特征上的相似性，又包括在观点、价值观、问题处理方式和分析方式等个人深层次特征上的相似性（Lankau et al.，2005）。虽然两者均有可能影响个体行为，但是现有研究普遍认为，相较于在人口统计学特征上的相似性，在个人深层次特征上的相似性会对个体的行为产生更为稳定和更为持久的影响效应

（Harrison et al. ，1998；Huang and Iun，2006；Schaubroeck and Lam，2002；Zheng et al. ，2017）。这是因为性别、年龄和种族等人口统计学特征无法提供有关个体核心自我的直接信息，并且可能给刻板印象和偏见的干扰效应留下空间，而价值观和态度等更深层次的特征可以帮助个体对他人获得更准确的认识和判断（Van Emmerik and Brenninkmeijer，2009）。基于此，本书将主要关注组织所树立创新榜样与个体在价值观、观点、问题解决方式和问题分析方式等深层次特征上的相似性。

另外，相似性还可分为客观相似性和主观相似性。客观相似性指他人与个体在个人特征或属性等方面的客观相似程度，而主观相似性则是个体对他人与自身在个人特征或属性上的相似程度的一种主观感受（Huang and Iun，2006）。研究强调，人们都是基于对现实的感知，而不是现实本身而产生反应的（Ferris and Judge，1991）。因此，主观相似性被认为会比客观相似性有着更强的影响效力，并受到了学者们越来越多的关注（Tepper et al. ，2011）。基于此，本书将主要关注个体主观感知的组织所树立创新榜样与自身的相似性。

（三）创新榜样相似性的界定

创新榜样相似性，顾名思义，即指与创新榜样的相似性，在本书中，特指与组织通过正式形式或非正式形式所树立的创新榜样的相似性。结合上述有关创新榜样和相似性的内涵，本书提出创新榜样相似性这一概念，并将其定义为是个体主观感知的组织所树立创新榜样与自身在观点、价值观、问题处理方式和分析方式等个人特征或属性上的相似程度。

二、创新榜样相似性的测量

目前还几乎没有直接针对创新榜样相似性的测量方法，但是关于其他主体相似性的测量可以为创新榜样相似性的测量提供借鉴。关于个体主观感知的相似性，现有研究主要采用量表法来进行测量。目前关于其他主体相似性的测量量表比较繁杂，但是总结下来可以发现，主要有三种量表使用最广泛，而其他量表大多都是基于对这三种量表进行整合或改编而成。

第一种是由图尔班和琼斯（Turban and Jones，1988）所编制的量表，该量表包含三个题项，最开始主要用于测量上下级之间的相似性。其中，有一个题项用于测量上级所感知的下属相似性，具体为"该下属在看法、观点和价值观上与你有多相似"。有两个题项用于测量下属所感知的上级相似性，具体为"我的上级和我对事情的看法大致相同""我的上级和我在很多方面都很相似"。后续研究多同时对这三个题项进行改编，用于测量个体对他人相似性的感知（Liden et al.，1993；Tepper et al.，2011；Roth et al.，2022）。

第二种是由利登等（Liden et al.，1993）所编制的量表，该量表包含六个题项，最开始主要用于测量团队成员所感知的上级相似性。其中有三个题项来源于图尔班和琼斯（Turban and Jones，1988）的量表，在此基础上，研究者又补充了三个题项，分别为"我的上级和我使用相似的方式处理问题""我的上级和我在解决问题方面想法相似""我的上级和我用相似的方式分析问题"。

第三种是由兰卡等（Lankau et al.，2005）所编制的量表，该量表包含六个题项，最开始主要用于测量导师和学徒之间所感知的相似性。题项分别为"我的导师/学徒和我性格相似""我的导师/学徒和我有相似的兴趣""我的导师/学徒和我有相似的工作价值观""我的导师/学徒和我在组织事务上有相似的看法""我的导师/学徒和我习惯使用相似的方法来解决问题""我的导师/学徒和我有相似的个人价值观"。

上述三种量表在提出时主要分别用于测量上下级或导师与学徒之间的相似性，后续研究采用这些量表更广泛地探讨了个体所感知的其他主体的相似性，例如，同事、团队成员、求职组织等（Ng et al.，2016；Roth et al.，2022）。在使用这些量表时，后续研究会将题项中的主体（即上级、下属、导师或学徒）替换成该研究所关注的特定研究对象，这也为本书对创新榜样相似性的测量提供了参考。

三、创新榜样相似性的影响效应研究

虽然在组织中树立创新榜样的现象非常普遍（Li et al.，2021；Shalley and Perry-Smith，2001），而且以往研究广泛认为榜样相似性会影响个体对榜样的行为效仿和后续表现（Austin and Nauta，2015），目前对创新榜样相似性及其影响效应投入直接关注的研究却不多。

尽管目前缺乏关于创新榜样相似性及其影响效应的直接研究，但以往有关榜样相似性的研究也许可以为我们对创新榜样相似性影响效应的推测提供借鉴。关于榜样相似性的研究主要以社会认知理论为理论基础，强调榜样相似性对个体行为效仿和后续表现的促进作用。社会认知理论指出，个体会试图通过在社会互动和经历中观察他人来理解他们所处的环境（Bandura，1989），人类大部分的行为，包括从简单到复杂的行为，都是通过观察榜样而习得的（Bandura，1986）。社会认知理论尤其强调，与榜样的相似性会促进个体对榜样的效仿和后续表现。基于这一理论观点，一些学者聚焦于音乐品位、学业或饮食行为等个体行为表现，对榜样相似性与个体对榜样的行为效仿或后续表现之间的正向关系进行了实证研究。例如，一项实验研究发现，当个体被告知榜样和其拥有相似的音乐品位时，个体更有可能效仿榜样而对榜样表示喜爱的音乐展现出更高的欣赏程度（Hilmert et al.，2006）。

此外，研究表明，当个体发现在数学方面的榜样与自身在生活经历和兴趣等方面有较高相似性时，个体对自身的数学能力会更有信心，从而在数学测试中获得更好的成绩（Marx and Ko，2012）。一项基于以 117 位大学生作为被试的实验研究结果表明，当在饮食方面的榜样与自身有较高种族相似性时，被试更愿意模仿榜样的饮食相关行为（Lee and Shapiro，2015）。还有一项以准大学生为被试的实验研究发现，与学生榜样的总体相似性感知会促使个体作出和榜样相似的学业选择（Allen and Collisson，2020）。这些研究结论可以为推测创新榜样相似性的影响效应提供参考，根据上述研究结论，创新

榜样相似性也可能会驱动个体对创新榜样的创造性行为效仿，从而展现更高的创造力。

另外，值得注意的是，以往有关榜样相似性的研究主要集中于探讨其直接影响效应，还较少有研究对榜样相似性发挥影响效应的中介机制和边界条件进行考察。这使得我们仍然缺少有效的理论和实证依据来对创新榜样相似性影响效应的产生过程和情境条件进行理解和推测。因此，若想对创新榜样相似性的影响效应获得更深入的理解，有必要对这一影响效应的内在机制和边界条件进行专门探讨。

四、研究述评

上述文献回顾表明，关于创新榜样相似性的研究现在还十分缺乏。虽然在组织中树立创新榜样的现象非常普遍（Shalley and Perry-Smith，2001），而且以往研究强调榜样相似性是影响个体对榜样的行为效仿及后续表现的一个关键因素（Austin and Nauta，2015），但是目前还较少有研究将这一观点与创新榜样相结合，来对创新榜样相似性的概念、测量及影响效应进行直接探讨。虽然榜样相似性相关的研究可以为我们推测创新榜样相似性的影响效应提供参考，但是根据上述文献综述可知，目前有关榜样相似性的研究大多聚焦于音乐品位、学业或饮食行为等个体行为表现，来检验榜样相似性如何影响个体在这些方面对榜样的行为效仿和后续表现（Allen and Collisson，2020；Hilmert et al.，2006；Lee and Shapiro，2015；Marx and Ko，2012）。而音乐品位、学业或饮食行为等个体行为表现和工作场所中的创造性行为表现还是存在差异的，这使得我们难以确定以往有关榜样相似性的研究结论能否完全适用于指导对创新榜样相似性的影响效应的推测。因此，对创新榜样相似性及其影响效应进行专门探讨仍然是有必要的。

此外，以往研究大多以社会认知理论为依据，来对榜样相似性所可能发挥的影响效应进行理论推导，但是较少有研究真正对该理论所强调的榜样相似性发挥效应的中介机制进行实证检验（Andsager et al.，2006；Hilmert et al.，

2006），同时也缺乏对相关边界条件的探索。这使得我们仍然不清楚创新榜样相似性具体会如何影响个体后续的创造性活动参与和创造力产出，以及这一影响效应存在什么边界条件，未来有待对创新榜样相似性发挥影响效应的内在机制和边界条件进行更深入的探究。另外，以往研究仅单一地从社会认知理论的视角来理解榜样相似性的正面影响效应也不利于对创新榜样相似性影响效应的推测和全面理解，有必要引入其他新的理论视角来对创新榜样相似性的影响效应和作用机制进行系统考察。

第二节　突破性创造力和渐进性创造力相关研究

一、突破性创造力和渐进性创造力的概念与内涵

在组织情境中，个体创造力（creativity）指个体产生与组织中的产品、实践、服务或流程等有关的新颖且有用的想法（Shalley et al.，2004）。创造性的想法既可以是对现有工作方式或流程的微小调整或改变，也可以是与现有的完全不同的突破性产品或服务（Motro et al.，2021；Mumford and Gustafson，1988）。以往研究大多将创造力视为一个主要存在量上的变化的连续变量，并根据想法的新颖性和有用性程度来定义创造力的高低（董念念等，2023；Kapadia and Melwani，2021；Kim and Kim，2020；罗萍等，2020；Zhang et al.，2020）。然而，近年来，越来越多学者指出创造力不仅存在量上的区别，更存在质上的差异，仅靠一个单一的变量可能无法完全捕捉创造力的本质，有必要区分不同性质的创造力（Madjar et al.，2011）。于是，参考组织创新研究中有关突破性创新和渐进性创新以及探索和利用的分类，并基于创造力是创新的关键要素这一要点，吉尔森和马贾尔（Gilson and Madjar，2011）将创造力分为了突破性创造力（radical creativity）和渐进性创造力（incremental creativity）两类。基于吉尔森和马贾尔（Gilson and Madjar，

2011）的工作，后续研究开始对个体突破性创造力和渐进性创造力的不同前因和驱动机制进行探讨。突破性创造力指显著偏离组织现有实践并为组织提供不同于已有框架、流程、产品或服务的全新想法（Gilson and Madjar, 2011；Madjar et al., 2011），渐进性创造力则指仅对现有框架进行少量改变或仅对现有产品、实践、服务或流程提供细微改进的想法。

突破性创造力和渐进性创造力存在根本性的差异。由于强调跨越先验知识，突破性创造力具有非连续性特征，在本质上属于否定和破坏（从 0 到 1）。而渐进性创造力强调先验知识，因而具有连续性特征，本质上属于肯定和延续（从 1 到 n）（刘智强等，2021）。由于存在连续性和非连续性的本质区别，两类创造力在复杂度、熟悉度和不确定性等方面也存在很大差异。第一，突破性创造力具有非连续性，要求打破现有框架，提出对当前领域革命性或颠覆性的想法，通常具有更高的复杂度和难度。而渐进性创造力具有连续性，仅强调对已有框架的细微调整，因而通常比较简单，至多包含中等程度的复杂度和难度（Gong et al., 2017）。第二，突破性创造力强调跨越先验知识，对知识的数量和异质性要求都更高，需要涉及大量领域外或组织边界外的不熟悉的全新知识。而渐进性创造力尊重先验知识，其对知识的数量和异质性均要求更低，仅涉及当前领域或组织边界内熟悉的知识元素（Venkataramani et al., 2014）。第三，突破性创造力强调挑战现状，其本质上是冒险的，难以提前对结果进行有效的预期，因而具有高度的风险性和不确定性。而渐进性创造力仅对现状进行改进和适应，其结果可以有比较稳定的预期，具有更低的风险性和不确定性（Gilson et al., 2012）。由于具有更高的复杂度、不确定性以及更低的熟悉度，与渐进性创造力相比，突破性创造力在认知和资源投入方面会有更高的需求。虽然突破性创造力和渐进性创造力在本质特征和形成过程方面存在诸多差异，但吉尔森和马贾尔（Gilson and Madjar, 2011）强调，两者并不存在孰优孰劣，均对组织提高创新绩效和构建竞争优势具有重要作用。

二、突破性创造力和渐进性创造力的测量

现有研究主要采用量表法对个体突破性创造力和渐进性创造力进行测量。目前主要有两种相关量表。第一种是由马贾尔等（Madjar et al.，2011）开发的量表，该量表分别使用三个题项来测量个体突破性创造力和渐进性创造力。其中，用于测量突破性创造力的题项有"该员工拥有许多非常创新的想法""该员工在工作中展现出很高的独创性""该员工会采用十分创新的方式去做广告"。用于测量渐进性创造力的题项有"该员工通常会适当修改组织中已有的想法和工作""该员工非常擅长适当调整组织中已有的想法和工作""该员工会很轻松地调整已有的工作流程以适应新的工作需求"。随后，研究者们对该量表进行了细微调整以用于测量来自不同行业的员工的突破性创造力和渐进性创造力，该量表也成为目前应用最为广泛的量表。

第二种是吉尔森和马贾尔（Gilson and Madjar，2011）开发的量表，该量表分别使用四个题项用于测量突破性创造力和渐进性创造力。其中，用于测量突破性创造力的题项有"该员工在工作中所提出的想法偏离了公司当前的工作流程或产品""该员工在工作中所提出的想法发现了全新的工作流程或产品""该员工在工作中所提出的想法从根本上改变了公司当前的工作方式和所提供的产品""该员工在工作中所提出的突破性想法超越了公司现有的工作流程或产品"。用于测量渐进性创造力的题项有"该员工在工作中所提出的想法是在组织现有做法基础上的延伸""该员工在工作中所提出的想法适应公司现有的工艺或产品""该员工在工作中所提出的想法是对公司当前工作方式的改进""该员工在工作中所提出的想法是对现有流程或产品的渐进提升"。

除量表法外，也有少量学者在实验研究中尝试采用同感评估技术（consensual assessment technique，CAT）对被试的突破性创造力和渐进性创造力进行测量。例如，郭婧等（2017）在他们的实验研究中首先邀请被试完成一项需提交一份列表式新产品创意的任务，然后邀请五位领域专家对被试所提交

的产品创意进行评估，评估的得分作为被试创造力的测量。具体来说，领域专家需要对被试所提出的每一条产品创意进行打分，若某条产品创意的创造性很高且具有突破性，则该条创意打 2 分，记为突破性的产品创意，其余的产品创意打 1 分，记为渐进性的产品创意，若某条产品创意毫无任何意义，则该条产品创意打 0 分。接着，对每个被试提出的产品创意中打 1 分和打 2 分的条目的数量分别进行计算，分别作为渐进性创造力和突破性创造力的得分。最后，将所有五位领域专家的评分计算平均值，作为被试最终的渐进性创造力和突破性创造力得分。

三、突破性创造力和渐进性创造力的前因研究

现有研究主要集中于关注个体突破性创造力和渐进性创造力的前因条件和影响因素。尤其是，由于突破性创造力和渐进性创造力存在本质区别，现有研究对两者是否存在不同的影响因素和驱动机制进行了深入探讨，即重点关注哪些因素对个体突破性创造力的作用更明显，哪些因素对个体渐进性创造力的作用更明显，或者同一因素对个体突破性创造力和渐进性创造力是否存在有差别的影响。根据创造力人－情境交互视角的观点（Shalley et al.，2004；Woodman et al.，1993；van Knippenberg and Hirst，2020），个体创造力是个体因素、情境因素以及个体和情境因素交互作用的结果。对国内外突破性创造力和渐进性创造力相关研究进行回顾后可以发现，现有研究也主要是从这三个方面探讨了个体突破性创造力和渐进性创造力的影响因素。因此，参考以上观点，本书将分别从个体因素、情境因素以及个体和情境因素交互这三个方面来对个体突破性创造力和渐进性创造力的现有前因研究进行梳理。关于个体突破性创造力和渐进性创造力影响因素的具体研究现状可分别如图 2－1 和图 2－2 所示。

个体因素

个性特征
- 经验开放性（Xu et al.，2016）
- 自恋（Mao et al.，2021）
- 独立型自我建构（Liu et al.，2022）
- 冒险意愿（Madjar et al.，2011）
- 主动性人格（Wang et al.，2022）

动机
- 内在动机（Gilson and Madjar，2011；Gilson et al.，2012；Malik et al.，2019）
- 内部目标（张莹等，2020）
- 学习目标导向（张勇等，2021）
- 个人创新目标（Gong et al.，2017）
- 情绪地位追求动机（Liu et al.，2021）
- 创新自我效能（Jaussi and Randel，2014）

认知
- 专业认同（Tang and Naumann，2016）
- 职业承诺（Madjar et al.，2011）
- 创新过程投入（Nabi et al.，2022；Liu et al.，2022）
- 资质过剩感（Wu and Ma，2022）

知识获取
- 反馈寻求宽度/频率（Sung et al.，2020；Yu and Choi，2021）
- 外部搜索（Jaussi and Randel，2014）
- 异质性知识（Tang et al.，2017）

×

情境因素

组织因素
- 绩效激励（郭婧等，2017；马君，2016）
- 精熟氛围（马君，2016）
- 创造性资源（Madjar et al.，2011）
- 差错管理文化（Geng et al.，2022）
- 高绩效人力资源系统（魏巍等，2020）

领导因素
- 变革型领导（Liu et al.，2021；Nabi et al.，2022；潘炎等，2019）
- 支持性上级（Gilson et al.，2012）
- 领导创新期望（Xu and Wang，2019；Mao et al.，2021）
- 上级自主性支持（Zhang et al.，2021）
- 上下级关系（Wu and Ma，2022）
- 领导在团队内部互动网络中的中介中心性（Venkataramani et al.，2014）
- 领导在外部领导互动网络中的中介中心性（Venkataramani et al.，2014）

其他环境因素
- 集体心理所有权（刘智强等，2021）
- 挑战性/阻碍性压力源（冯明、胡宇飞，2021）
- 问题驱动创新任务（Gilson and Madjar，2011）

个体突破性创造力

图2－1　个体突破性创造力的前因研究总结

注："×"代表交互效应。

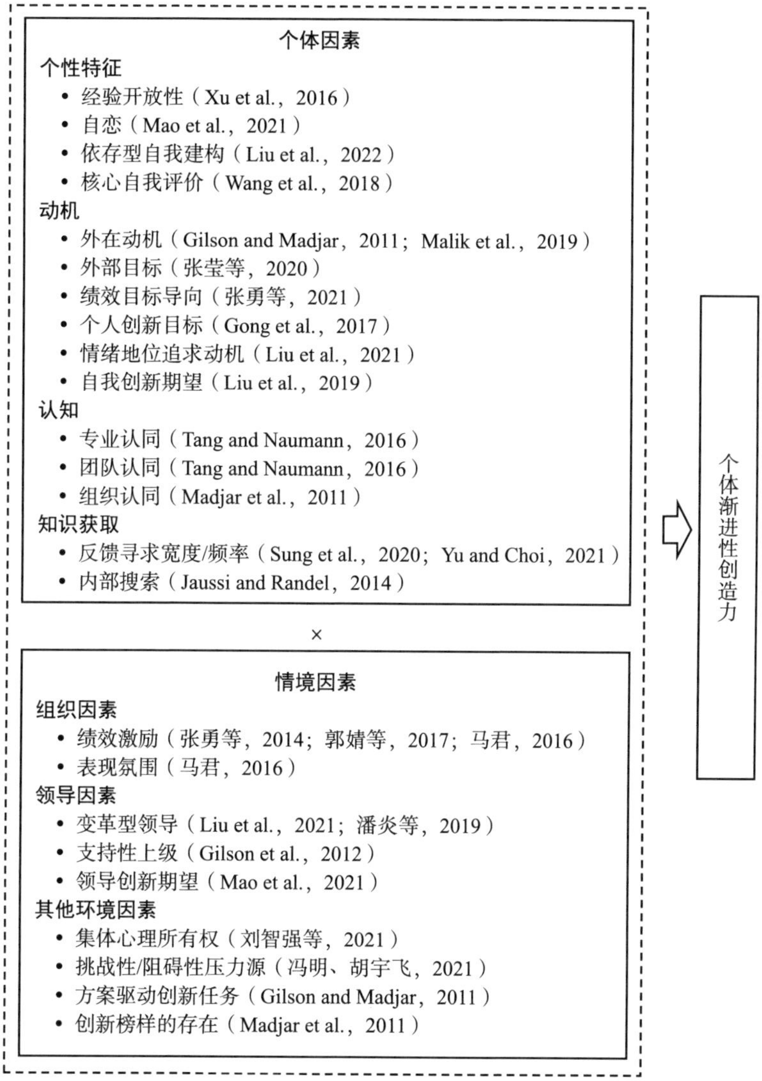

图2-2 个体渐进性创造力的前因研究总结

注："×"代表交互效应。

（一）个体因素

个体因素方面，现有研究主要探讨了个性特征、动机、认知以及知识获取行为等因素对个体突破性创造力和渐进性创造力的影响。

首先，拥有不同个性特征的个体被发现在创造力方面会有不同表现。有研究基于趋近－规避框架，检验了核心自我评价对个体突破性创造力和渐进性创造力的差异化作用（Wang et al.，2021）。该研究发现，有较高核心自我评价的个体希望获取他人的积极反馈，这会使得他们更倾向于发展有较低风险和稳定回报的渐进性创造力。因此，核心自我评价会对渐进性创造力产生正向影响，而对突破性创造力没有显著影响。冒险意愿和主动性人格越高的个体则越有可能产生突破性创造力，因为这类个体更有勇气和动力去抓住每一个可能产生突破性创造力的机会，以此来满足他们对挑战和刺激的需求（Madjar et al.，2011；Wang et al.，2022）。此外，自我建构也会影响个体在突破性创造活动和渐进性创造活动中的投入。具体而言，依存型自我建构的个体在遇到工作问题时倾向于向团队领导寻求意见和帮助，从而可以获得更多工作相关的信息和观点。但是，这些观点的同质性比较高，更有可能帮助个体发展渐进性创造力。相反，独立型自我建构的个体在遇到工作问题时倾向于增加自身的创新过程投入，从而更有可能获得异质性的信息和使用发散性的思维，提出偏离现有地位结构的突破性想法（Liu et al.，2022）。经验开放性和自恋则对突破性创造力和渐进性创造力均有促进作用（Mao et al.，2021；Xu et al.，2016）。当个体的经验开放性越高时，他们越容易对组织中的常规程序感到厌倦，而更加热衷于接受新颖性的任务，这使得这部分个体拥有更大的潜力提出突破性创造力。同时，当面临那些不需要突破性创造力的组织情况时，经验开放性较高的个体也会尝试对现有框架进行一些细微的调整和改变，从而促进渐进性创造力的产生（Xu et al.，2016）。此外，为了展现自己的独特性和优越性，以及获取外界关注，自恋水平越高的个体也会努力展现更高的突破性创造力和渐进性创造力（Mao et al.，2021）。

其次，在创造力研究领域，动机长期以来被认为是创造力的关键影响因素之一（Amabile，1996）。现有研究普遍发现，内在动机对个体突破性创造力的驱动效应更强，外在动机则更有利于个体渐进性创造力（Gilson and Madjar，2011；Gilson et al.，2012；Malik et al.，2019）。这是因为由内在动机驱动的个体是发自内心的对工作感兴趣和觉得工作有意义，往往更愿意参与冒险和尝试新鲜事物，以轻松、灵活的方式对待工作，并且更可能将异质性的信息进行组合，最终产生突破性创造力。而由外在动机驱动的个体是因为外在条件或为了获得外部奖励而参与工作，这种动机会阻碍个体的深层次思考，而引导个体将更多注意力投入对现状的适应和改进，从而产生渐进性创造力。个体的目标导向作为一种动机取向也受到了学者们的广泛关注。研究发现，内部目标有助于增强突破性创造力，外部目标则有助于增强渐进性创造力（张莹等，2020）。学习目标导向的个体关注提升自身能力，乐于探索，在面对挫折时也不轻言放弃，更有可能产生突破性的成果。绩效目标导向的个体关注获得外部认可和回报，更有可能参与复杂度低且有稳定回报的渐进性创造活动，进而产生更多渐进性创造力（张勇等，2022）。龚等（Gong et al.，2017）的研究则发现，个人创新目标可以驱动个体的创造性努力，但与目标相关的自我调节活动也需要消耗注意力资源。由于渐进性创造力的复杂度和不确定性较低，对认知资源的要求较少，个体的创新目标追求可以在不占据过多注意力资源的同时驱动个体的创造性努力，从而有效促进渐进性创造力的产生。然而，对于有较高复杂度和不确定性的突破性创造力而言，低到中等程度的个人创新目标可以驱动个体在创造性活动上投入适度的努力，同时不消耗过多的注意力资源，促进突破性创造力的产生。但是过高的个人创新目标则会消耗个体过多的注意力资源，对其他活动造成影响，甚至使个体感受到压力和焦虑，最终损害突破性创造力，从而使得个人创新目标与突破性创造力之间呈倒 U 形关系。还有学者探讨了创新自我效能对个体突破性创造力和渐进性创造力的差异化影响。研究发现，除了对个体参与创造性活动提供动机驱动外，创新自我效能最重要的一个作用是帮助个体应对创造性过程中的困难和挑战，使个体在面对挫折时依旧保持坚持。由于突破性创造力需要打破现有流程和观点，产生突破性创造力所面对的挑战和需要克服的障碍将更多，因此创新自我效能对突破性创造力的驱动作用更强（Jaussi and Randel，2014）。另外，还有研究强调自我创新期望作为一种工作动机对渐进性创造力的驱动作用（Liu et al.，2021）。

最后，个体认知因素对突破性创造力和渐进性创造力的影响也受到了关注。研究表明，职业承诺高的个体倾向于以一个更加开阔和开放的视角看待问题，将工作视为成长和产生创造力的机会，产生更多多样性的行动选择，并有更高的创新过程投入，体验到更少的社会从众压力，从而产生更高的突破性创造力（Madjar, et al., 2011）。而组织认同和团队认同会给个体造成遵从组织或团队既定价值观和惯例的社会压力，驱动个体投入渐进性创造活动，产生更高的渐进性创造力（Madjar et al., 2011；Tang and Naumann, 2016）。专业认同则同时有助于提高个体的突破性创造力和渐进性创造力，这是因为当个体有较高专业认同时，为了验证这种自我认同感和树立个人的独特性，他们会有使用知识和专业产生创造力的强烈愿望，同时在突破性创造活动和渐进性创造活动中增加投入（Tang and Naumann, 2016）。作为个体对自身能力与工作要求不匹配的一种认知，资质过剩感也被发现会对个体突破性创造力产生阻碍作用（Wu and Ma, 2022）。另外，研究还表明，当个体在创造性活动中进行更多投入，即投入更多认知资源进行问题识别、信息搜索以及创意提出时，个体将有机会产生更多突破性创造力（Liu et al., 2022；Nabi et al., 2022）。

此外，还有研究检验了个体的知识获取行为会如何影响其突破性创造力和渐进性创造力。长久以来，知识一直被认为是创造力的驱动力，创造力就是将不同知识和信息进行整合、重组的结果（Li et al., 2018；Shin and Grant, 2021）。尤其是对于突破性创造力而言，由于其强调打破现状和跨越先验知识，提出与现有框架完全不同的全新想法，突破性创造力的产生对于知识的异质性和数量均有更高的要求（Gong et al., 2017）。研究发现，当研发员工获取越多异质性的知识时，他们越有可能产生突破性创造力（Tang et al., 2017）。如果员工能够跨越组织边界去更广泛地搜索外部异质性知识，他们将有更大潜力将所获得的不同知识和观点重组为开创性的想法，提出突破性创造力（Jaussi and Randel, 2014）。而渐进性创造力强调先验知识，注重对现有框架、流程或方法进行修改或调整，员工在组织内部进行知识搜索将更有益于渐进性创造力的产生（Jaussi and Randel, 2014）。另外，积极主动地寻求建设性反馈和评价信息也可以为反馈寻求者提供信息和知识输入，促进创造力产出。无论是拓展反馈寻求的来源还是增加反馈寻求的频率，这些努力都可以帮助个体获得更多异质性信息和多样化观点，并将所获得的这些看似不相关的知识和信息进行重组，产生突破性创造力和渐进性创造力（Sung et al.，2020；Yu and Choi，2022）。

（二）情境因素

关于工作情境的影响，现有研究主要探讨了组织、领导以及其他和任务或人际特征相关的因素。

首先，组织方面，组织的绩效激励政策受到了最多关注，但是关于绩效激励与员工突破性创造力和渐进性创造力之间的关系，现有研究仍存在不一致的结论。郭婧、苏秦和张谦（2017）发现组织的创造力绩效激励可以增强员工的渐进性创造力，但是也会抑制员工的突破性创造力。与此不同，马君（2016）则验证了奖励水平对个体突破性创造力和渐进性创造力均有正向影响，尤其是当组织采用陡峭型奖励结构且形成了高表现氛围的情况下，奖励水平对渐进性创造力的正向影响更强。而当组织采用扁平型奖励结构且形成了高精熟氛围的情况下，奖励水平对突破性创造力的正向影响更强。张勇、龙立荣和贺伟（2014）发现绩效薪酬对渐进性创造力有促进作用，尤其是在高交易型领导情境下。但是对于突破性创造力，只有在高变革型领导情境下，绩效薪酬与突破性创造力才正相关，而在低变革型领导情境下，绩效薪酬与员工的突破性创造力显著负相关。这些研究结论说明组织的绩效激励对于渐进性创造力普遍有促进作用，但是对于突破性创造力究竟是发挥促进还是抑制作用则要结合所处情境进行综合考虑。此外，组织所提供的创造力资源是否充足也可反映组织对创造力的支持和重视程度。由于相较于渐进性创造力，突破性创造力通常有更高的资源要求，例如，需要充足的物质资源、多样化的知识和自由的时间等，马贾尔等（Madjar et al.，2011）发现组织所提供的创造力资源对于个体是否有能力参与突破性创造活动并提出突破性想法有重要影响，而对于渐进性创造力没有显著影响。除此之外，组织的文化和氛围也受到了关注。研究发现，精熟氛围强调自我提升和超越自我，更有可能激发员工的内在工作动机，使员工积极地参与挑战性任务，催生突破性创造力。而表现氛围强调竞争和获得积极评价，更有可能引导员工参与有稳定回报的活动，催生渐进性创造力（马君，2016）。由于突破性创造活动还包含高度的不确定性，现有研究还强调了组织差错管理文化对于缓解员工对失败风险的顾虑，增强员工参与突破性创造活动的心理安全感的重要作用（Geng et al.，2022）。魏巍、彭纪生和华斌（2020）则从资源保存理论的视角探讨了高绩效人力资源系统对员工突破式创造力的"双刃剑"影响，该研究发现从工作资源的角度来看，高绩效人力资源系统会通过提升学习目标导向促进员工的突破式创造力，但是从工作要求的角度来看，高绩效人力资源系统又会通过提升绩效目标导向抑制员工的突破式创造力。

其次，领导力是员工工作情境的一个重要方面（Oldham and Cummings，1996），领导在工作场所中往往发挥着主导作用（Shin and Zhou，2003），因此关于领导行为与员工突破性创造力和渐进性创造力的关系也受到了格外关注。如变革型领导一方面鼓励员工追求更高目标和进行发散性思考，有助于增强员工参与创造性活动的动力，另一方面还为员工提供个性化关怀，帮助缓解员工对创造性活动所包含的不确定性的担忧，变革型领导因而被视为一种能够有效促进个体突破性创造力和渐进性创造力的领导方式（Nabi et al.，2022；潘炎等，2019）。张等（Zhang et al.，2022）的研究也发现，当上级提供自主性支持时，员工的想法和建议更可能得到上级的支持，员工的绩效更可能得到上级的认可，这会驱动员工积极地追求内在目标，并自发地参与冒险和尝试新鲜的事物，提高突破性创造力的产生。另外，领导在团队内占据着特殊的位置，其担任着与团队内成员之间进行信息交换以及将团队外部信息带入团队内部的职责，领导在团队内部网络中的中介中心性，以及在同伴领导社会网络中的中介中心性被发现会对员工突破性创造力有关键影响（Venkataramani et al.，2014）。当领导在团队内部网络中有越高中介中心性时，领导能够越准确地识别团队所面对的创造性机会和约束，进行更高效的信息分享，并洞察团队不同任务之间的联系，从而指导员工开发出颠覆性且有用的想法。当领导在同伴领导社会网络中的中介中心性越高时，他们则可以获得更多有关创造力发展机会的外部信息，进而指导员工在有高潜力的创新想法上集中精力，产生更多突破性创造力。吉尔森等（Gilson et al.，2012）的研究则表明支持性上级与个体渐进性创造力呈正向关系，而与突破性创造力呈负向关系。其他研究则发现，领导创新期望也有助于提高员工的突破性创造力，这是因为领导大多会根据员工的创新能力或工作的创新要求来向员工传达创新期望，所以当员工感知到领导对其有较高创新期望时，会倾向于将这种期望视为对其创新能力的认可以及对创造力的重视，并遵从领导的期望进行更多的突破性创新投入（刘晔等，2016；Xu and Wang，2019）。

除组织和领导因素外，任务特征和人际特征等也会对个体的突破性创造力和渐进性创造力造成影响。吉尔森和马贾尔（Gilson and Madjar，2011）指出，问题解决是一个多阶段过程，先要识别问题，接着提出替代性解决方案，最终确定一个合适的行动方案，而个体所面临问题的所处解决阶段与其随后产生的创造力是突破性的还是渐进性的有关系。当个体面对的是一个新的或者被错误定义的问题时（即早期阶段），个体将有更多机会产生突破性的创造性想法，而如果个体面对的是需要为一个成熟问题寻找解决方法，其最终产生的创造性想法更有可能是渐进性的，而不是突破性的。此外，研究发现，工作中的压力源也会影响个体创造力。挑战性压力源虽然会加剧个体完成任务的难度，但同时也能给予个体成就感和成长的机会，增进个体对工作本身的兴趣和参与创造性活动的动力，最终产生更高的创造力，尤其是突破性创造力。而阻碍性压力源会损耗心理资源，引发个体的消极情绪。为了应对工作要求，在阻碍性压力源驱使下的个体更倾向于采用习惯性行为和常规方式完成工作。因此，阻碍性压力源会阻碍个体创造力，尤其是有更大风险且需要更多资源投入的突破性创造力（冯明、胡宇飞，2021）。马贾尔等（Madjar et al.，2011）的研究则表明，观察到周围存在创新榜样会影响个体对所处情境的意义建构，使个体意识到组织对创造力的重视、期望和支持，从而驱动个体产生更高的渐进性创造力，但是个体的突破性创造力没有显著改变。集体心理所有权作为一种团队共享心理特征，也被发现会对团队成员的个体创造力，尤其是突破性创造力产生正向效应（刘智强等，2021）。

（三）个体和情境因素交互影响

由于单纯的个体因素或情境因素均无法全面地解释个体突破性创造力和渐进性创造力的产生基础，因此一些研究者对个体因素和情境因素进行了综合考虑，探讨他们对个体突破性创造力和渐进性创造力的交互影响。例如，研究发现，当领导对个体传递出较高的创新期望时，自恋水平越高的个体更有可能将领导的高创新期望视为对自身独特和卓越才能的肯定，从而补充和加强对于自身能够产生创造性结果的膨胀自我，进而产生更强的创新自我效能，并最终产生更高的突破性创造力和渐进性创造力（Mao et al.，2021）。另外，地位竞争在社会群体中无处不在（Anderson et al.，2012；Ng and Lucianetti，2016），员工的地位追求动机也会引导他们在创造性活动中的表现和投入。拥有较高情绪地位追求动机的员工将获得更高地位视为对自己极为重要的目标，沉迷于地位追求以满足自身内在需求（Huberman et al.，2004），当领导展现变革型领导行为时，这类群体更有可能实施创造性偏离行为，从而产生更高的创造力，尤其是突破性创造力（Liu et al.，2021）。

此外，研究表明，高质量的上下级关系可以减少个体资质过剩感对其突破性创造力的负面影响。这是因为在中国组织情境中，上下级之间的关系是一个重要的人际关系，上级是有限资源的控制者，与上级建立更好的关系可以为员工带来更多的信任、关心和资源。因此，当员工与上级之间建立的关系质量越高时，有较高资质过剩感的员工将体验到更强的心理安全感，从而减少对工作重塑的抵触心理，并最终减弱对突破性创造力的负面影响效应。相反，当个体与上级之间的关系质量较低时，有较高资质过剩感的个体将更加关注避免现有资源的进一步流失，因而更有可能减少工作重塑，以保护资源，最终降低产生创造力的可能性（Wu and Ma，2022）。其他研究则发现，领导创新期望可以增强个体创新过程投入与突破性创造力之间的正向关系，因为较高的领导创新期望会向个体传递出组织鼓励和支持其发展创造力的信息，从而使个体在参与创造性活动的过程中更加大胆地进行探索和提出新的想法，从而更有可能产生突破性创造力（Nabi et al.，2022）。

四、研究述评

自吉尔森和马贾尔（Gilson and Madjar，2011）等提出区分不同性质的创造力，例如，突破性创造力和渐进性创造力的重要性和必要性以来，越来越多学者开始意识到突破性创造力和渐进性创造力在本质上的差异，并分开探讨两者各自不同的驱动因素和生成机制。以往研究从个体因素、情境因素或个体与情境交互等方面对个体突破性创造力和渐进性创造力的影响因素进行了一些考察，并且大部分研究发现这些因素对于个体突破性创造力和渐进性创造力的影响效应确实存在显著差异，这些研究结论表明对突破性创造力和渐进性创造力进行区分是有意义的。虽然目前已经有一些相关的研究成果，但是总体上而言，现有研究对个体突破性创造力和渐进性创造力的影响因素和生成机制的探讨仍然有限。尤其是和有关一般创造力的丰富研究成果相比，关于突破性创造力和渐进性创造力的研究仍处于起步阶段，还有一些问题值得进行更深入的探讨。

通过文献回顾可以发现，以往研究注意到了个体所处情境对其突破性创造力和渐进性创造力的重要作用。现有研究主要考察了与组织相关的情境因素（如组织绩效激励、动机氛围、高绩效人力资源系统等），以及与领导相关的情境因素（如变革型领导、支持性上级、领导创新期望等）会如何影响个体的突破性创造力和渐进性创造力。但是，除组织和领导外，个体所处情境中还存在其他一些有密切关联的主体，例如，同事、下属、竞争者、合作者和客户等等。尤其是，那些因为各种原因有出色表现而突出于其他人的特殊群体通常会受到个体的格外关注，与他们相关的一些因素从而也可能会对个体的突破性创造力和渐进性创造力造成重要影响，而现有研究对此较少关注，有待进一步探讨。

第三节 创新榜样相似性与突破性/渐进性创造力间 关系的相关研究

结合上述关于创新榜样相似性及个体突破性创造力和渐进性创造力相关的文献综述可以发现，目前对创新榜样相似性与个体突破性创造力和渐进性创造力之间的关系（无论是直接关系，还是间接关系）进行直接研究的还很少。尽管如此，有关榜样相似性和创新榜样的部分研究可以为本书对创新榜样相似性与个体突破性创造力和渐进性创造力之间关系的理解和推测提供间接参考。

首先，基于前文可知，以往与榜样相似性相关的研究验证了与榜样的相似性会驱动个体对榜样的行为效仿或后续表现（Allen and Collisson，2020；Hilmert et al.，2006；Lee and Shapiro，2015；Marx and Ko，2012）。具体而言，一系列研究分别聚焦于音乐品位、学业选择、数学学习或饮食行为等行为表现，均证实，当个体与榜样在品位、兴趣、人生经历或种族等方面拥有较高相似性，或者拥有较高的总体相似性时，个体更有可能效仿榜样的行为，或者后续在相关方面获得更好的表现（Allen and Collisson，2020；Hilmert et al.，2006；Lee and Shapiro，2015；Marx and Ko，2012）。这些研究结论可以为本书理解创新榜样相似性与个体突破性创造力和渐进性创造力之间的关系提供参考。根据以往研究结论，面对组织所树立的在创造力方面的创新榜样，与创新榜样的相似性也可能会驱动个体在创造力方面对创新榜样的创造性行为效仿，进而获得更高的突破性创造力和渐进性创造力表现。虽然以往与榜样相似性相关的研究可以为推测创新榜样相似性与个体突破性创造力和渐进性创造力之间的关系提供参考，但这些研究大多是聚焦于音乐品位、学业或饮食行为等个体行为表现，这些行为与工作场所中的创造性行为表现应该还是存在差异的，这使得我们仍然难以确定以往研究结论能否完全适用于指导对创新榜样相似性与个体突破性创造力和渐进性创造力之间关系的理解。由此可见，仍然有必要对创新榜样相似性与个体突破性创造力和渐进性创造力之间的关系进行专门探讨。

此外，以往有关创新榜样的研究发现，对创新榜样的观察会对突破性创造力和渐进性创造力产生差异化影响，这也可为对突破性创造力和渐进性创造力进行分类，分别探讨创新榜样相似性与个体突破性创造力和渐进性创造力之间的关系提供间接支持。具体而言，马贾尔等（Madjar et al.，2011）的研究发现，对创新榜样的关注或观察可以驱动个体渐进性创造力，但对于突破性创造力没有显著影响。这一研究结论说明，在创新榜样相关情境下，个体突破性创造力和渐进性创造力会受到不同程度的影响。根据这一研究结论，在组织树立创新榜样的情境下，对创新榜样相似性的关注也可能会对个体突破性创造力和渐进性创造力产生不同程度的影响。因此，对突破性创造力和渐进性创造力进行区分，分别探讨创新榜样相似性对两者的影响效应及作用机制也是有意义和有必要的。

另外，值得注意的是，以往研究在探讨榜样相似性对个体行为效仿和后续表现的影响效应，或者在探讨创新榜样对个体突破性创造力和渐进性创造力的影响效应时，均较少对这些影响效应的产生机制和边界条件进行考察。这使得我们仍然缺乏有效的理论或实证依据来对创新榜样相似性与个体突破性创造力和渐进性创造力之间关系的产生过程和情境条件进行理解和推测。因此，若想获得对创新榜样相似性与个体突破性创造力和渐进性创造力之间关系的更深入的理解，有必要对这一关系的内在机制和边界条件进行考察。

第四节 整体文献述评

通过对创新榜样相似性以及个体突破性创造力和渐进性创造力相关的文献进行系统性回顾和梳理后可以发现，关于创新榜样相似性的概念、测量和影响效应，目前进行直接关注的研究还不多。此外，现在已有越来越多研究注意到突破性创造力和渐进性创造力的分类和本质差异，但是有关个体突破性创造力和渐进性创造力的前置因素的研究仍处于起步阶段，还有很多值得关注和探索的研究方向。尤其是，目前还很少有研究对创新榜样相似性与个体突破性创造力和渐进性创造力之间的关系进行探讨。总的来说，关于创新榜样相似性与个体突破性创造力和渐进性创造力的研究现在还存在一些局限。

第一，关于创新榜样相似性对个体突破性和渐进性创造力的影响效应的研究目前还十分缺乏。虽然在组织中树立创新榜样的现象非常普遍（Shalley and Perry-Smith，2001），且已有研究强调榜样相似性会影响个体对榜样的行为效仿和后续表现（Austin and Nauta，2015；Hilmert et al.，2006；Lee and Shapiro，2015；Marx and Ko，2012），目前却较少有研究关注创新榜样相似性会如何影响个体对创新榜样的创造性行为效仿，从而作用于个体创造力。虽然以往有关榜样相似性的研究结论可以为推测创新榜样相似性与个体创造力间的关系提供参考，但以往研究大多是聚焦于学业或饮食行为等个体行为表现，这使得我们难以确定以往研究结论能否完全适用于指导对工作场所中创新榜样相似性的影响效应的理解，可见仍然有必要对创新榜样相似性与个体创造力之间的关系进行专门探讨。另外，已有研究发现，创造力可分为突破性创造力和渐进性创造力，两者在形成条件和驱动机制上存在差异（Gilson and Madjar，2011；Gong et al.，2017）。而且，对创新榜样的关注或观察会对两者产生不同影响（Madjar et al.，2011），这暗示着创新榜样相似性也可能会对突破性创造力和渐进性创造力产生不同影响。因此，分别探讨创新榜样相似性对个体突破性创造力和渐进性创造力的影响效应以及其中的差异显得尤为重要，但是目前对此投入关注的研究还不多。

第二，关于创新榜样相似性与个体突破性创造力和渐进性创造力间关系的内在机制还有待探讨。尽管以往研究大多基于社会认知理论来推导榜样相似性对于个体行为效仿和后续表现的正面影响效应（Andsager et al.，2006；Hilmert et al.，2006），但真正对这一理论所强调的榜样相似性发挥效应的关键内在机制，如自我效能进行实证检验的研究却不多，这不利于我们对创新榜样相似性发挥影响效应的内在机制和过程的理解。而且，除社会认知视角外，目前还较少有研究从其他理论视角来解释榜样相似性的影响效应，尤其是探讨榜样相似性是否还存在潜在的负面影响，这些研究局限也限制了对创新榜样相似性对个体突破性创造力和渐进性创造力所可能发挥的影响效应和影响机制的全面理解和推测。

第三，现有研究还缺乏对创新榜样相似性与个体突破性创造力和渐进性创造力间关系的边界条件的探讨。以往研究大多检验榜样相似性对个体行为效仿或后续表现的直接影响效应（Hilmert et al.，2006；Lee and Shapiro，2015；Marx and Ko，2012），而较少讨论这些影响效应的潜在边界条件，这使得研究者无法清晰掌握创新榜样相似性的影响效应是否会受到其他因素的影响。后续对创新榜样相似性与个体突破性创造力和渐进性创造力之间关系的边界条件进行探索尤为重要，这可以使我们对创新榜样相似性与个体突破性创造力和渐进性创造力之间的关系获得更丰富的理解。

第三章

创新榜样相似性影响不同类型创造力的理论模型与研究假设

第一节 理论基础

一、社会认知理论

社会认知理论（social cognitive theory）强调，人们大多数的行为都是通过观察他人的行动而习得的（Bandura，1986，1997）。观察他人的行动可帮助个体对行为的适当性和可行性进行评估，并确定在特定领域的有效行为策略。观察式学习，或称模范学习，一般包括四个过程，分别为注意（attention）、留存（retention）、复现（reproduction）和动机（motivation），即个体首先需要注意到他人的行为，然后在心里对所观察到的内容进行演练，接着实施所习得的行为，并获得针对该行为的反馈（Bandura，1997）。考虑到人们并不会学习所有观察到的行为，而是会有所选择，该理论从多个方面出发讨论了人们在何种情况下更有可能学习所观察到的行为（Bandura，1977）。例如，从被观察者方面来看，该理论认为个体更有可能学习那些能力强、有出色表现和有更高可信度的被观察者（如榜样）的行为。从行为结果来看，个体更有可能学习那些带来理想结果的行为，因为个体会预期如果他们实施同样的行为也可以得到理想结果。此外，该理论还尤其强调个体与被观察者的相似性会影响其学习意愿，当感知被观察者和他们有更高相似性时，个体越有可能认为观察者的替代性经验对自身有较高适用性，从而更加愿意学习和模仿被观察者的行为。

社会认知理论认为，观察学习主要通过自我效能来影响个体的行为和表现。自我效能是指个体对自身有能力表现出特定行为以获得理想结果的一种信念（Bandura，1997）。自我效能并不代表能力本身的存在，而只是个体对自身有能力采取行动以实现目标的主观认知。社会认知理论提出，当看到在特定方面获得成功的他人在其他特征上与自己越相似时，个体会产生更强烈的向他人学习的意愿，从而在学习他人的过程中构建更强的自我效能（Bandura，2012）。自我效能进而会影响个体对行动的选择、在行动中投入的努力程度以及行动的持久度（Bandura，1977）。具体而言，当个体对某项活动有越高自我效能时，他们更有可能参与该项活动，积极地在活动中投入努力，并且在面对困难和阻碍时依旧保持坚持。而自我效能更低的个体则倾向于减少活动参与，降低在活动中投入的努力，并且在面对困难和阻碍时更容易放弃。

二、社会比较理论的自我评价维持模型

费斯廷格（Festinger，1954）最早提出社会比较理论（social comparison theory），在此基础上，后续研究从不同方向对社会比较理论进行了拓展和延伸，发展出涉及不同概念和内容的多个子理论（Buunk and Gibbons，2007），泰塞拉（Tesser，1988）提出的自我评价维持模型（self-evaluation mainte-nance model）就是其中之一。自我评价维持模型指出，人们都希望保持一个良好的自我评价，并希望不断提高自我评价，个体与他人的关系会对自我评价有重要影响（Tesser，1988；Tesser et al.，1988）。该模型尤其强调，在那些个体认为对于自我定义比较重要的方面，当他人有出色表现时，个体与他

人的心理距离越近，个体越倾向于与他人进行社会比较，来获得有关自我的评价。而这种向上的社会比较会使个体感觉自身的表现欠佳，从而越有可能使个体感觉在该方面的自我定义受到了威胁。此外，自我评价维持模型尤其强调，相似性是影响个体与个体之间心理距离的一个重要因素，当个体感知他人与自己越相似时，其感知到的与他人的心理距离会越近，从而更有可能在与有出色表现的他人进行社会比较后感觉自我定义受到威胁（Tesser and Campbell，1980；Tesser，1988）。

自我评价维持模型指出，当感知与自己相似的他人在重要方面有出色表现，从而使得个体在该方面的自我定义受到威胁时，个体会采取措施来缓解这种威胁。个体可能会降低该特定方面对自我定义的重要性，从而减少他人的表现与自己的相关性，来缓解自我定义受到的威胁（Tesser，1988）。而当该方面对个体自我定义的重要性下降后，个体后续会减少在该特定方面的时间和注意力投入，而将更多的时间和精力投入其他更重要的活动。

三、理论整合

社会认知理论和社会比较理论的自我评价维持模型均关注个体对有出色表现的他人的注意和感知会如何影响个体自身反应和行为表现。尤其是，两个理论均强调当个体面对在特定方面有出色表现的他人时，与他人的相似性是影响个体后续心理反应和行为表现的一个关键因素。而且，两个理论均从个体自我概念的视角出发来探讨上述影响效应的发生机制，其中，社会认知理论关注自我效能（self-efficacy）、社会比较理论的自我评价维持模型则关注自我定义（self-definition）。然而，由于关注的视角不同，两者在与在特定方面有出色表现的他人的相似性会如何影响个体自我概念和后续行为表现这一问题上却有不同预测。一方面，社会认知理论强调，当个体感知有出色表现的他人与自身有更高相似性时，个体越倾向于将他人视为学习模范，产生更强的学习意愿，并在学习过程中构建更强自我效能，进而增加后续在该方面的投入（Bandura，1977）。另一方面，社会比较理论的自我评价维持模型则强调，当个体感知他人与自身有更高相似性时，个体也更可能将在重要方面有出色表现的他人视为参照对象，产生更强烈地与他人进行社会比较的倾向，而这种向上比较会致使个体在该方面的自我定义受到威胁，进而促使个体减少后续在该方面的投入（Tesser，1988）。对社会认知理论和社会比较理论的自我评价维持模型的观点进行整合，可以发现，当个体面对在特定方面有出色表现的他人时，与他人的相似性可能会对个体在该方面的自我概念和后续投入同时产生积极作用和消极作用，即产生"双刃剑"的影响效应。考虑到组织所树立创新榜样往往在创造力方面有出色表现，而且组织管理者通常会有意识地在员工面前对创新榜样进行宣传和介绍，员工因而可能会对组织所树立的创新榜样投入关注，并对创新榜样与他们的相似性进行评估，进而决定后续的行为表现。基于此，本书将结合社会认知理论和社会比较理论的自我评价维持模型，系统探讨员工感知的组织所树立创新榜样的相似性会如何影响他们在创造力方面的自我概念，进而决定后续创造性过程投入和最终的突破性和渐进性创造力产出。

第二节　理论模型构建

由于日益动荡的外部环境、竞争激烈的市场经济以及不可预测的技术变革，越来越多组织开始意识到他们需要不断地发展创新，以获得生存和长期发展的机会（Shin et al.，2012；Zhang and Bartol，2010；Zhang et al.，2022；Zhu et al.，2022）。组织的创新发展需要依靠员工个体创造力的贡献（Lu et al.，2019），考虑到员工创造力是组织创新的基础（Berg and Yu，2021；Shalley et al.，2004），许多组织管理者和研究者都在思考如何培育员工创造力（Baer et al.，2021；刘小禹等，2018；Xu et al.，2022；赵爽等，2024）。其中，树立创新榜样是组织管理者用以驱动员工创造力最常用的方式之一（Li et al.，2021；Shalley and Perry-Smith，2001）。尽管组织管理者普遍期望和假设员工会效仿创新榜样而更多参与创造性活动，从而产生更高创造力，但从结果来看，以往既有研究发现个体确实会效仿创新榜样从而产生更高创造力（Furley and Memmert，2018；Mueller，1978），也有研究发现个体并不会效仿创新榜样从而产生更高创造力（Halpin et al.，1979；Landreneau and Halpin，1978；Zimmerman and Dialessi，1973）。因此，探寻什么因素在影响员工对创新榜样的创造性行为效仿，从而作用于员工创造力成为一个有待解决的现实问题。解决这一问题尤为重要，因为只有明确员工对创新榜样的效仿具体受到什么因素的影响，组织才能找到有效措施来推动员工效仿创新榜样而更多参与创造性活动和展现更高创造力，从而真正发挥树立创新榜样对于员工创造力的驱动作用。然而，基于前文的文献回顾和述评可以发现，目前还较少有研究对此投入关注。基于此，本书将对该问题进行探讨，即重点考察什么因素会影响个体对组织所树立创新榜样的创造性行为效仿，从而作用于个体创造力。以往研究广泛认为，榜样相似性是影响个体对榜样的行为效仿以及后续表现的一个关键性因素（Austin and Nauta，2015；Hilmert et al.，2006；Lee and Shapiro，2015；Marx and Ko，2012）。基于此，本书将创新榜样与榜样相似性研究相结合，探讨创新榜样相似性会如何影响个体对组织所树立创新榜样的创造性行为效仿，从而作用于个体的创造力表现。

社会认知理论是用于理解榜样相似性影响效应的一个最常用理论。社会认知理论指出，当看到在特定方面获得成功的他人在其他特征上与自己越相似时，个体越倾向于认为他人的替代性经验对自己有较高适用性，从而产生更强烈的向他人学习的意愿，并在学习他人的过程中对自己在该方面获得成功的能力构建更强的信念，即产生更强的自我效能，并进而在该方面进行更高强度和更持续的投入（Bandura，1977）。参考该观点，当个体感知组织所树立创新榜样与自身在观点、价值观、问题处理方式或分析方式等方面有更高相似性时，个体也更可能相信创新榜样在完成创造力任务或解决创造力问题时所使用的方法技能或思维模式对自己也有较高的适用性，从而产生更强烈的向组织所树立创新榜样学习的意愿。在学习创新榜样的行为和方法的过程中，个体将掌握更多创造性技能和知识，进而更有可能对自己获得创造性成果的能力构建更强的信念，即产生更强的创新自我效能（Tierney and Farmer，2002）。根据社会认知理论，较强的创新自我效能可能会驱动个体效仿榜样而在创造性活动中进行更高强度和更持续的投入，即产生更多创新过程投入（Zhang and Bartol，2010）。更高创新过程投入进而可促使个体对工作任务获得更深入理解，并搜索和运用更多异质性知识来提出创造性想法，最终提高产生创造力的可能（Keith and Jagacinski，2023；Kwan et al.，2018；Xu et al.，2022）。由此可见，与组织所树立创新榜样的相似性可能会通过增强个体的创新自我效能，进而提高个体的创新过程投入，最终对创造力产生积极作用，本书将结合社会认知理论对此进行具体考察。

此外，社会比较理论的自我评价维持模型也注意到了与在特定方面有出色表现的他人的相似性的作用，但对其影响效应有不同的预测。该模型认为，人们都希望保持一个良好的自我评价，并期望不断提高自我评价，与他人的关系会对个体的自我评价有重要影响。在那些个体认为对于自我定义比较重要的方面，当他人有出色表现时，与他人的相似性会增强个体将他人视为参照对象的倾向，并引发社会比较，而这种向上比较会致使个体在该方面的自我定义受到威胁（Tesser，1988；Tesser et al.，1988）。该模型还提到，为了缓解自我定义遭受的威胁，个体会降低该方面对自我定义的重要性，进而减少后续在该方面的投入（Tesser，1980，1988）。根据自我评价维持模型的上述观点，当面对组织所树立的在创造力方面有出色表现的创新榜样，与创新榜样的相似性可能驱动个体将创新榜样的创造性角色认同融入自身（Netemeyer et al.，2012），从而增加创造力对于个体自我定义的重要性。在此基础上，创新榜样相似性进而还可能增强个体将创新榜样视为参照对象的倾向，并驱动个体与创新榜样进行社会比较。而这种向上比较会使个体预期到自己可能无法像组织所树立的创新榜样一样产生较高的创造力，或者获得他人对自身创新认同的肯定，从而使个体感知自身创新认同可能无法得到有效展现，体验到创新认同威胁（Deichmann and Baer，2022；Petriglieri，2011）。根据自我评价维持模型，创新认同威胁可能驱使个体降低创造力对自我定义的重要性，同时减弱个体提高创造力以支持创新认同的内在动力和外在压力，进而减少后续在创造力相关过程中的投入（Tesser，1988），最终对个体创造力产生负面影响。结合社会比较理论的自我评价维持模型，本书将实证检验与组织所树立创新榜样的相似性是否会通过创新认同威胁和创新过程投入对个体创造力产生上述消极影响效应。

另外，本书还将对创新榜样相似性与个体创造力间关系的边界条件进行探讨，来为组织如何更好地收获创新榜样相似性对个体创造力的正面作用，同时抑制其负面作用提供参考。考虑到组织在地位晋升方面的制度，尤其是地位晋升标准制度设计往往会对员工的工作关注点和行为发挥重要引导作用（Lazear，1992；Webster and Beehr，2013），而且组织树立创新榜样也表明了其对于创造力的重视，暗示着员工在应对创新榜样相似性时在创造力方面的行为表现与地位晋升之间可能存在关联，地位晋升标准因而也可能会对员工在应对创新榜样相似性时的关注点和行为表现发挥引导作用。因此，结合社会认知理论和社会比较理论的自我评价维持模型（Bandura，1986，1997；Tesser，1988），本书将实证考察员工所处团队的地位晋升标准对于创新榜样相似性与员工创造力之间关系的调节效应。

地位晋升标准是指"组织赋予员工正式地位时所遵循的依据"（刘智强等，2019）。虽然领导者在作出晋升决策时可能依据各种不同的标准，但相对标准和绝对标准是其中最为典型的两类标准（Webster and Beehr，2013）。相对地位晋升标准的制度设计是以锦标赛理论为基础，主要依据员工与他人相比在团队内所处的排序来决定晋升（Connelly et al.，2014；Lazear and Rosen，1981）。在更趋向于相对地位晋升标准的团队中，员工只要超越他人获得靠前的排序就能得到晋升，而其工作表现所达到的绝对高度并不重要，这会引导员工重视对自身与他人的工作表现进行比较。在这种情况下，根据社会比较理论的自我评价维持模型（Tesser，1988），创新榜样相似性因而更有可能会引发个体与组织所树立创新榜样的社会比较，从而增强创新榜样相似性通过创新认同威胁和创新过程投入这一条路径对创造力的负向影响效应。与此不同，绝对地位晋升标准则依据组织事先确定的客观标准来决定员工的晋升，只要员工达到了组织所设定的客观标准就可以获得相应的地位晋升，而与他人的表现无关。这会引导员工关注加强自身绝对实力和提高工作表现，以达到组织所设定的标准（刘智强等，2013）。在更倾向于绝对地位晋升标准的团队中，根据社会认知理论（Bandura，1986，1997），创新榜样相似性因而更有可能激发员工向组织所树立创新榜样进行学习以提升自我的意愿，从而增强创新榜样相似性通过创新自我效能和创新过程投入这一条路径对创造力的正向影响效应。由此可见，团队地位晋升标准可能对创新榜样相似性影响个体创造力的两条作用路径发挥不同的调节效应，本书将对此进行实证考察。

最后，近年来，越来越多学者指出仅用一个单一维度概念难以捕捉创造力的本质，并提倡要对不同类型的创造力，尤其是突破性创造力和渐进性创造力进行区分（Gilson et al.，2012；Gilson and Madjar，2011；Madjar et al.，2011）。以往研究强调，突破性创造力和渐进性创造力在复杂度、熟悉度和不确定性等方面存在较大差异，两者在形成条件和驱动机制上也有不同要求，同一因素对突破性创造力和渐进性创造力可能产生差异化影响，因此对两者进行区分非常重要（Gong et al.，2017；刘智强等，2021）。而且，已有研究发现，对创新榜样的关注或观察对突破性创造力和渐进性创造力所产生的影响存在差异（Madjar et al.，2011），这暗示着在创新榜样相关情境下，个体的突破性创造力和渐进性创造力确实可能会受到不同影响。因此，在探讨创新榜样相似性对个体创造力的影响效应时，本书也将对突破性创造力和渐进性创造力进行区分，分别探讨创新榜样相似性对个体突破性创造力和渐进性创造力的影响效应、作用机制和边界条件。由于相较于渐进性创造力，突破性创造力有更高的复杂度、不确定性和更低的熟悉度，要求个体投入更多认知资源来识别问题、进行更广泛的信息搜索以及探索更多可能的问题解决方案（Gong et al.，2017；刘智强等，2021），本书认为个体创新过程投入可能会对突破性创造力产生比对渐进性创造力更强的正向影响效应。由此，相较于渐进性创造力，创新榜样相似性通过创新过程投入对突破性创造力的影响效应也可能更强。综上所述，本书构建整体研究模型如图 3 - 1 所示。

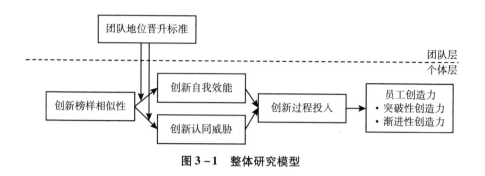

图 3 - 1　整体研究模型

第三节　研究假设提出

一、创新榜样相似性与创新自我效能

创新自我效能是指个体对自己拥有获得创造性成果的能力的一种信念（Tierney and Farmer，2002）。有学者强调，理解如何构建员工的创新自我效能是组织尝试创新的关键一步（Tierney and Farmer，2011）。社会认知理论提出，自我效能是一个从社会关系中衍生的构念，个体会从社会情境中获取信息来发展自我效能。人们主要可以通过四种途径来获取信息以构建自我效能，分别为情绪唤醒、社会说服、以往的成功经验，以及替代性经验或称模范学习（Gist and Mitchell，1992）。本书主要关注最后一种信息来源，因为其可以反映个体对组织所树立创新榜样的观察和学习过程。社会认知理论提出，当看到在特定方面获得成功的他人在其他特征上与自己越相似时，个体会感知他人的替代性经验对自己有更高的适用性，从而产生更强烈的向他人学习的意愿，进而在学习他人的处事方法和思维模式的过程中构建更强的自我效能（Bandura，1977）。

根据社会认知理论，由于组织所树立的创新榜样在创造力方面有出色表现，而且组织管理者通常会有意识地引导个体去关注和学习创新榜样，个体因而也可能通过观察组织所树立的创新榜样来获取有关自我效能的信息。当个体观察到组织所树立的创新榜样与自己在观点、价值观、问题处理方式和分析方式等方面有较高相似性时，根据社会认知理论的观点，他们可能更愿意相信创新榜样在解决创造力问题时所使用的方法技能和思维模式等替代性经验对自己也同样适用，并产生更强烈的向创新榜样学习的意愿，从而在学习创新榜样用于解决创造性问题的方法技能和思维模式的过程中构建更强的创新自我效能（Bandura，1977）。具体来说，以往研究表明，相似性会产生一种"溢出"效应，即感知与他人在某一方面的相似性会使个体认为他人在其他方面和自己也是相似的（Zellmer-Bruhn et al.，2008）。例如，有研究发现，在某一特定方面的相似性会增加个体对整体相似性的感知（Huang and Iun，2006；Roth et al.，2022）。基于此，个体对组织所树立创新榜样与自身在观点、价值观、问题处理方式和分析方式等方面的相似性感知可能也会产生"溢出"效应。由于组织所树立的创新榜样往往在创造力方面有出色表现，且组织管理者通常会鼓励员工细心观察和学习创新榜样在创造力工作中所采用的方法和思考模式等，这会引导个体对创新榜样的工作方法和思维模式投入较多注意力。因此，当个体通过观察发现自己与组织所树立创新榜样在事物看法、价值观、问题解决方式和分析方式等方面存在较高相似性时，这种相似性可能会"溢出"到其他方面，如使个体感觉创新榜样与自己在适配的工作方法和思维模式上应该也具有相似性，因此创新榜样在解决创造力问题时所使用的工作方法和思维模式应该也适合自己，自己通过采用创新榜样所使用的工作方法和思维模式应该也能产生创造性成果。而学者强调，只有当个体认为他人的经验适用于自己时，个体才会学习他人的经验（Austin and Nauta，2015）。因此，当个体感知组织所树立创新榜样在完成创造力相关任务时所使用的方法和思维模式等替代性经验对自己有更高适用性时，个体可能产生更强烈的学习意愿。根据社会认知理论（Bandura，1977），在学习过程中，个体将习得有关如何产生创造性想法的方法和策略，并增强自身的创造性相关技能和知识（Shih et al.，2021），进而增强个体对自身发现和产生创造性想法的信念，产生更强的创新自我效能（Mao et al.，2022；Shalley and Perry-Smith，2001）。

　　然而，当个体感知组织所树立的创新榜样与自己在观点、价值观、问题处理方式和分析方式等特征上有较大差异时，个体可能会认为创新榜样在处理创造性任务或者问题时所使用的方法、工具或思维模式等对自己也没有可适用性，即使自己学习创新榜样的工作方式和思考模式可能也难以产生创造性的成果。而当个体认为组织所树立创新榜样的经验不适用于自己，无法预测自身的工作表现时，个体向创新榜样学习的意愿将较低（Austin and Nauta，2015），从而使得个体通过学习组织所树立创新榜样的替代性经验这一途径来构建创新自我效能的可能性也就越低（Bandura，1977）。基于以上分析，本书提出如下假设：

　　假设 1： 创新榜样相似性与个体创新自我效能正相关。

二、创新自我效能与创新过程投入

　　创新过程投入（creative process engagement）指个体参与创造力相关的活动或流程，主要包括问题识别、信息搜寻和编码以及想法和替代方案生成等活动（Zhang and Bartol，2010）。创造力相关的过程与标准问题解决和理性思考过程不同，在创造力相关过程中，个体遇到的往往是定义尚不清晰的问题，解决这些问题需要个体搜寻、编码和吸收各种不同的信息，并以创造性的方式来对这些信息进行重组，最终产生新颖的解决方案（Tan et al.，2019）。此外，在创造性过程中，问题识别、信息搜寻和想法生成等活动往往是相互交织和动态迭代的。例如，在信息搜寻过程中，个体可能会对问题产生新的理解，这时候就需要回过头来对问题进行重新识别和定义（Cheung et al.，2020）。上述特性决定了创造性过程往往有较高的不确定性，对个体的时间和认知等资源有较高的要求（Babalola et al.，2021；Huang et al.，2016；Liu et al.，2023a）。

　　社会认知理论提出，自我效能是人类行为最强大的决定性因素之一，它会决定人们对行动的选择、在行动中投入的努力程度及行动的持久度（Bandura，1977）。班杜拉（Bandura，2001）强调，只有当人们相信他们能够通过自己的行动得到理想的结果，并且避免不利的结果时，他们才会在行动中投入时间和资源，并且在遇到困难和挫折时依旧保持坚持。特别是对于有较高不确定性且要求不断试错的创造性过程而言，个体的自我效能，尤其是创新自我效能更是其进行创新过程投入的一个重要驱动因素（顾远东、彭纪生，2010；Ng et al.，2022）。根据社会认知理论的观点，创新自我效能将驱动个体对创造性活动的选择，增加个体在创造性过程中投入的努力，并且提高个体在创造性过程中的持久度，从而从总体上提升个体的创新过程投入水平（Bandura，1977）。

首先，创新自我效能会提高个体选择参与创造性流程和活动的意愿。社会认知理论指出，人们倾向于害怕和回避那些他们认为超出自身应对能力的活动，而更愿意参与那些他们认为自己能够有效应对的活动（Bandura，1977）。基于此，当个体有较高的创新自我效能时，他们对自身完成创造性任务的能力有更强的信心（Wang et al.，2022；Puozzo and Audrin，2021），将更加相信自己能够有效处理创造性相关的流程，以及解决创造性过程中遇到的问题，参与创造性流程和活动对他们来说因而是一个不错的选择（Li et al.，2021；Liu et al.，2023b）。而创新自我效能较低的个体则对自身的创新能力有较低的自信心（Zhao et al.，2023），他们可能会对自己能否有效处理创造性流程和活动持怀疑态度。由于害怕参与创造性过程和活动可能会遇到自己无法解决的问题，这部分个体可能倾向于回避参与有较高复杂度和不确定性的创造性过程（Shin et al.，2012；Hu et al.，2023）。

其次，当个体选择参与创造性过程后，创新自我效能还可以增加个体在创造性流程和活动中投入的努力程度。社会认知理论表明，自我效能会通过个体对最终成功的预期来增加其在活动中投入的努力，而且当自我效能越强时，个体的努力投入越积极（Bandura，1977）。一般而言，当个体有较强创新自我效能时，他们对自己通过创造性过程参与以成功获得理想结果的可能性会有更高的预期，这种成功预期会驱动他们在创新过程中投入更多的努力，如投入努力来更全面地识别和定义问题、进行更广泛的信息搜索或者提出更多创造性的想法和替代解决方案等（Bandura，2012；Kühnel et al.，2022；Liu et al.，2016）。相反，当个体的创新自我效能较弱时，他们对自己获得创造力目标的可能性会有更低的预期。由于意识到付出的努力可能都是徒劳，甚至会带来失败的风险，创新自我效能较弱的个体将减少在创造性过程中投入的努力（Hora et al.，2021；Li et al.，2021）。

最后，创新自我效能还能增加个体在面对困难和挫折时对创造性过程投入的持久度。班杜拉（Bandura，2001）指出，自我效能能够减少个体在压力和挫折情境中的脆弱性，并增强个体应对失败和威胁的韧性。研究者发现，在创造性活动中，自我效能的上述作用也同样存在，创新自我效能也能够增强个体应对创造性活动中的威胁的韧性（Tierney and Farmer，2002；Younas et al.，2020）。因此，当有较强创新自我效能的个体在创造性过程中遇到挫折和挑战时，他们更不容易被这些挫折和苦难所打败和吓退，而是能够依旧保持对创造性过程的投入和对创造性目标的追求，直到产生新颖且有用的想法（Zhang and Zhou，2014；Zhou et al.，2022）。相反，那些创新自我效能更弱的个体在遇到困难和挫折时，则有更低的认知坚持，他们更容易放弃创造性目标和减少在创造性过程中的投入（Liu et al.，2016；Tang et al.，2022）。已有研究实证发现，创新自我效能确实有助于提高个体的创新过程投入（Li et al.，2021）。因此，本书提出如下假设：

假设 2：个体创新自我效能与创新过程投入正相关。

三、创新过程投入与突破性/渐进性创造力

创新过程投入被广泛发现能够有效促进个体创造力的产生（Babalola et al.，2021；Huang et al.，2016；Keith and Jagacinski，2023；Kwan et al.，2018；Xu et al.，2022；Zhang and Bartol，2010）。有学者强调，想要创造性地解决问题，个体必须努力进行认知加工，如果不在创造性过程中进行投入，创造力产出将受到影响（Huang et al.，2016；Khan and Abbas，2022）。因此，创新过程投入是产生创造力所必不可少的活动，无论是对于突破性创造力还是

渐进性创造力而言都同样适用（Cheung et al.，2020）。通过投入持续的注意力和努力来识别和定义工作中存在的问题，并从不同的视角来对问题进行思考，个体将对工作任务有更深入和全面的理解，更有可能发现和提出创造性的方案来解决问题（Akkan and Guzman，2022；Cheng and Yang，2019）。此外，知识和信息是创造力的基础（Gong et al.，2013；Mannucci and Yong，2018；Mannucci and Perry-Smith，2022），通过从各种不同的来源和途径搜索、存储和吸收异质性的知识和信息，个体可以为创造力的产生提供必备的知识元素，进而可以将这些异质性知识和信息进行创造性重组（Soda et al.，2021），产生突破性创造和渐进性创造力。最后，通过不断地探索和寻找工作任务的完成办法，并提出大量的想法和替代性解决方案，个体也可以提高其最终产生真正有创造性的想法或方案的可能性（Lin et al.，2017；Nguyen et al.，2020），从而提高突破性创造力和渐进性创造力。

然而，由于突破性创造力和渐进性创造力在复杂度、熟悉度和不确定性等方面存在较大差异，创新过程投入对于两类创造力的影响强度可能不同。一般而言，突破性创造力具有非连续性，要求打破现有结构，提出与现有框架完全不同的全新想法，而渐进性创造力具有连续性特征，仅要求对现有框架进行少量改变或细微调整（Gilson and Madjar，2011；Madjar et al.，2011）。因此，相较于渐进性创造力，突破性创造力具有更高的复杂度和不确定性，以及更低的熟悉度（刘智强等，2021）。这些差异也意味着，相较于渐进性创造力，突破性创造力的产生要求个体投入更多认知资源来识别工作中存在的问题、进行更广泛的异质性信息搜索并且尽可能探索更多创造性的想法和解决方案（刘智强等，2021），创新过程投入对于突破性创造力的作用因而将更加明显。

首先，由于突破性创造力具有非连续性特征，要求个体提出对当前领域颠覆性的想法，突破性创造过程通常具有更高的复杂度和不确定性，使得与突破性创造活动相关的问题通常也更加模糊、复杂和难以定义（Gong et al.，2017）。这要求个体必须投入大量的时间和认知资源来识别工作中可能存在的问题，并且努力思考和理解问题的本质。其次，由于突破性创造力强调跨越先验知识，突破性创造活动和过程对于知识的数量和异质性都有更高的需求，这也要求个体必须投入足够的认知资源来广泛搜索、存储和吸收大量领域外或组织边界外的异质性知识（Venkataramani et al. , 2014），否则突破性创造过程和活动将难以推进。最后，由于突破性创造力具有更高的复杂度和不确定性以及更低的熟悉度，其对个体用于想法生成的投入也有更高的要求。为了提出与组织现有框架、流程、产品或服务完全不同的全新想法，个体必须努力探索和寻找各种各样的替代性解决方案，以最终确定一个真正有高度新颖性和实用性的想法（Lin et al. , 2017）。因此，个体在问题识别、信息搜索和想法生成等创造性相关过程和活动中的投入程度对于突破性创造力将具有更加明显和关键的作用。较多的创新过程投入可以为突破性创造力的产生提供必要条件，而较少的创新过程投入则会使得突破性创造力由于缺乏必要条件而受到明显抑制（Jeong et al. , 2023；屠兴勇等，2020）。

相比之下，创新过程投入虽然也有助于促进个体的渐进性创造力，但其影响会更弱。首先，由于渐进性创造力具有连续性特征，渐进性创造力相关的过程和活动通常具有更低的复杂度和不确定性（Gong et al. , 2017）。这使得与渐进性创造过程相关的问题通常也更加明确、清晰和易于定义，不需要耗费个体大量的时间和精力。其次，由于渐进性创造力尊重先验知识，其对知识的数量和异质性均要求更低，受个体信息搜索程度的影响更小（刘智强等，2021）。最后，由于渐进性创造力具有更高的确定性，个体往往也更容易找到合适的问题解决方案，而不需要进行过多的探索。因此，即使个体在创造性活动和过程中的投入不多，个体也可能凭借以往的知识积累或成功经验而提出渐进性创造力。而当个体进行大量的创新过程投入时，个体的渐进性创造力也不会因此大幅度提高，使得创新过程投入推动渐进性创造力提升的空间相对有限。于是，本书提出如下假设：

假设 3：个体创新过程投入与（a）突破性创造力和（b）渐进性创造力均正相关，（c）且相较于渐进性创造力，创新过程投入与突破性创造力的正向关系更强。

四、创新自我效能和创新过程投入的链式中介作用

结合以上推理，基于社会认知理论，与组织所树立创新榜样的相似性会增强个体的创新自我效能，创新自我效能进而会驱动个体对创造性活动的选择并在活动中进行更高强度和更持续的投入，最终提高个体的突破性创造力和渐进性创造力。而且，相较于渐进性创造力，创新榜样相似性通过创新自我效能和创新过程投入对突破性创造力的间接影响效应可能会更强。综上所述，本书提出如下假设：

假设4：创新榜样相似性通过创新自我效能和创新过程投入的链式中介作用正向影响个体的（a）突破性创造力和（b）渐进性创造力，（c）且相较于渐进性创造力，创新榜样相似性通过创新自我效能和创新过程投入对突破性创造力的正向间接影响效应更强。

五、创新榜样相似性与创新认同威胁

创新角色认同（creative role identity）是指个体对创造力是自我定义的核心部分的一种自我认知，反映了个体对于自我展现创造力的一种内化的角色期望（Vincent and Kouchaki，2016）。一般来说，有较高创新角色认同的个体通常将创造力视为自我定义的一个重要部分，并认为展现创造力对于自己非常重要（Tierney and Farmer，2011）。以往研究强调，从社会关系中获得的有关自我的反馈是个体角色认同的主要来源（Riley and Burke，1995）。为了确定自身在创造力方面的自我定义，个体会从社会关系中获取有关自我创造力的反馈信息，并对这些反馈信息进行意义解释，以试图建立、支持和验证自我的创新认同（Farmer et al.，2003）。值得注意的是，拥有创新角色认同与拥有创新能力不同，一个人可以拥有较高的创新角色认同，但没有突出的创新能力。而且当个体拥有较高的创新角色认同时，也并不代表其客观上比其他人更有创造力，只是创新角色认同会为个体参与创造性活动提供驱动力

（Vincent and Kouchaki，2016）。

创新认同威胁（creative identity threat）则是指个体对自身创新角色认同的价值、意义或展现受到潜在危害的一种体验（Deichmann and Baer，2022）。根据其定义，个体的创新角色认同受到潜在危害来源于三个方面：一是个人创新认同的价值被低估，例如，当个体感觉自身的创新认同遭受到他人贬低时，个体会感觉自身的创新认同受到了威胁；二是个人创新认同的现有意义被改变，例如，当个体需要参与和创新认同所代表的意义不一致的行为，如常规性工作任务时，个体也可能感觉自己的创新认同受到潜在威胁；三是个人创新认同的展现受到限制，例如，当个体预期自己可能无法有效展现创新认同时，其会体验到创新认同威胁（Petriglieri，2011）。基于社会比较理论的自我评价维持模型（Tesser，1980；Tesser，1988），本书认为创新榜样相似性可能会通过第三种途径，即提高个体对自身无法有效展现创新认同的预期，来增加个体的创新认同威胁。

自我评价维持模型提出，在那些个体进行自我定义时比较重视的方面，当他人有出色表现时，与他人的相似性会引发个体与他人进行社会比较的倾向，而这种向上比较进而会使个体在该方面的自我定义受到威胁（Tesser，1980，1988）。基于上述观点，本书认为，面对组织所树立的创新榜样，个体对创新榜样相似性的感知可能从两个方面产生作用：一是引导个体增加创造力对于自我定义的重要性，这会为个体与创新榜样的社会比较提供前提；二是驱动个体与组织所树立创新榜样进行向上社会比较，这又会使个体预期自身创新认同的展现将受到限制，进而对个体在创造力方面的自我定义造成威胁，使个体体验到创新认同威胁。

具体而言，首先，当个体感知与组织所树立创新榜样有较高相似性时，创造力对于个体自我定义的重要性会更明显。这是因为创新榜样通常是因为突出的创造力而受到组织和其他个体的关注，创造力因而往往会被认为是反映创新榜样个人定义的一个重要方面。而以往研究发现，当个体感知他人与自己相似时，个体会将他人的认同融入自身（Netemeyer et al.，2012）。所以，当个体感知组织所树立创新榜样与自己有较高相似性时，他们也可能会将创新榜样的个人定义融入自身，从而认为创造力也是自我定义的一个重要方面，产生较高的创新角色认同。

其次，根据社会比较理论的自我评价维持模型的观点，创新榜样相似性又会进一步地增加个体与组织所树立创新榜样进行社会比较的倾向，并使个体在与创新榜样进行向上比较的过程中预期到自己可能难以有效展现创新认同，从而体验到创新认同威胁（Tesser，1980）。一方面，在与组织所树立创新榜样进行向上社会比较的过程中，个体对自身在将来提出创造性想法以展现创新认同的预期会更低。这是因为组织所树立的创新榜样在创造力方面有出色的表现，这会使得个体自身的创造力相形见绌（Tesser，1988）。尤其是，创造力被普遍认为是稀有而宝贵的（Amabile，1996；Vincent and Kouchaki，2016），而且组织树立创新榜样的举措更是从侧面反映了创造力的稀有性，因为一般情况下，只有极少数的个体才能凭借突出的创造力表现而被组织树立为创新榜样。这会使个体意识到，他们自己后续可能很难像组织所树立的创新榜样一样产出高水平的或者说相提并论的创造力成果，以支持创新认同的展现。由于预期到自己可能无法像组织所树立的创新榜样一样有效展现创新认同，根据以往研究，这种体验会使个体感知自身创新认同受到了威胁，产生创新认同威胁（Deichmann and Baer，2022；Petriglieri，2011）。另一方面，在与组织所树立的创新榜样进行向上比较的过程中，个体还可能感知领导或同事等组织内其他人对自身创新认同的关注度和评价会更低，从而限制个体创新认同在他人面前的有效展现，这也会促使个体体验到创新认同威胁。这是因为与创新榜样在创造力方面的出色表现相比，个体自身的创造力表现会显得逊色。这会使个体意识到组织内其他人可能会将创新认同更多地与创新榜样进行联系且对其投入更多关注，而更少地将创新角色与个体进行联系且对个体的创新认同投入更少关注。也就是，在他人眼里，组织所树立的创新榜样更能称得上是一个真正的创新者且受到其他人的广泛关注。相比之下，其他人对个体作为一个创新者的评价可能会更低且投入更少关注（Wang and Cheng，2010；Song et al.，2015）。这会使个体预期到自己可能难以获得他人对自身创新认同的关注和肯定，自己将难以在他人面前有效展现创新认同，根据以往研究，这种体验也会使个体产生创新认同威胁（Deichmann and Baer，2022；Petriglieri，2011）。当个体感知组织所树立创新榜样与自身有更高的相似性时，他们与创新榜样进行社会比较的倾向将更强，其创新认同受到的威胁也就更明显。

基于上述推理，本书提出如下假设：

假设 5：创新榜样相似性与个体创新认同威胁正相关。

六、创新认同威胁与创新过程投入

社会比较理论的自我评价维持模型指出，当感知在某些方面的自我定义受到威胁时，为了缓解威胁，个体会试图降低该方面对自我定义的重要性，并进而减少在该方面的投入（Tesser，1988）。基于社会比较理论的自我评价维持模型的上述观点，当个体感知自己在创造力方面的自我定义受到威胁，即体验到创新认同威胁时，为了缓解这种威胁，个体因而也可能会降低创造力对自我定义的重要性，并进而减少对创造力相关过程或活动的参与。

有学者强调，如果某个认同对于个体越重要，或者个体越多地基于某个认同来对自我进行定义，当这个认同受到威胁时，个体的心理压力会越大，而降低这个认同的重要性可以减少其受到威胁时对个体造成的影响（Petriglieri，2011）。由此可见，降低创造力对自我定义的重要性是缓解创新认同威胁的一个有效方式。为此，个体将减弱将自己定义为一个创新者的倾向，并认为自己可能不是一个有创造力的人。对于个体而言，做一个有创造力的人或者展现创造力将变得不那么重要（Zhang et al.，2022）。当创造力对个体自我定义的重要性下降时，从个体自身观点来看，个体采取行动来维持创新认同的内在动力将减弱。个体对于自己展现创造力所建立的期望将更低（Farmer et al.，2003；Koseoglu et al.，2017）。由于提高创造力以支持创新认同的内在动力减弱，相应地，个体在创造力相关活动或流程中的参与也可能会减少（Yang et al.，2020）。

此外，当创造力对于自我定义的重要性下降时，个体对在领导或者同事等他人面前保持一个有创造力的形象的外在压力也将减弱（Koseoglu et al.，2017）。这种情况下，对于个体而言，他人是否认为自己是一个创新者，或者是否像组织所树立的创新榜样一样是一个有创造力的人将变得不那么重要（Wang and Cheng，2010；Song et al.，2015）。当创造力对于自我定义不再那么重要时，个体将不需要再刻意构建和保持自己与创造性角色或者身份之间的关联。另外，个体对于无法达到领导或者同事等重要他人对自己的创新期望的担忧也将减少（Farmer et al.，2003）。由于提高创造力以支持创新认同的外在压力也减轻了，个体更有可能会减少在问题识别、信息搜索以及想法和替代方案生成等创造性流程或活动中的投入（Yang et al.，2021；Richard et al.，2019）。与本书观点一致，还有实证研究也发现，创新认同威胁确实会减少个体后续在创造性过程中的投入（Deichmann and Baer，2022）。

于是，本书提出如下假设：

假设 6：个体创新认同威胁与创新过程投入负相关。

七、创新认同威胁和创新过程投入的链式中介作用

结合以上推理，基于社会比较理论的自我评价维持模型，与组织所树立创新榜样的相似性会增加个体的创新认同威胁，创新认同威胁进而会阻碍个体后续在创造性活动和过程中的投入。而创新过程投入对于创造力，尤其是突破性创造力的产生至关重要。如果不投入足够的认知资源来进行问题识别，个体对于工作任务将缺乏深入和全面的理解，将难以找到真正有创造性的方案来解决工作中的问题（Huang et al.，2016）。此外，如果不进行广泛的知识搜索，个体将缺乏必备的知识元素用于提出创造性的想法（Gong et al.，2013）。最后，如果在提出少量的想法或问题解决方案后就停止探索，个体的创造力，尤其是突破性创造力也将受到限制（Lin et al.，2017）。因此，创新过程投入的减少将不利于个体突破性创造力和渐进性创造力的产生。尤其是相较于渐进性创造力，突破性创造力所受到的影响可能会更强。综上，本书提出如下假设：

假设 7：创新榜样相似性通过创新认同威胁和创新过程投入的链式中介作用负向影响个体的（a）突破性创造力和（b）渐进性创造力，（c）且相较于渐进性创造力，创新榜样相似性通过创新认同威胁和创新过程投入对突破性创造力的负向间接影响效应更强。

八、团队地位晋升标准对创新榜样相似性与创新自我效能之间关系的调节效应

在组织中，正式地位的晋升被认为是用于员工激励的最重要的方式之一（Lazear，1992）。对于员工而言，获得地位晋升代表着一种肯定和认可，并通常可以为他们带来更高的声望和更丰富的物质资源（Tzafrir and Hareli，2009；Webster and Beehr，2013）。以往研究发现，近期内获得地位晋升的员工有更高的组织承诺以及更低的缺勤率（Lam and Schaubroeck，2000；Webster and Beehr，2013）。为了更好地发挥地位晋升对员工工作积极性的驱动作用，组织通常会精心设计与地位晋升相关的制度。其中，确定一个合适的地位晋升标准尤其关键。组织地位晋升标准是指组织在晋升员工正式地位时所遵循的依据（刘智强等，2019），其中相对标准和绝对标准是使用最为普遍的两类标准（Ghorpade and Chen，1995）。由于大部分组织会针对不同的职能团队设计特定的地位晋升标准，而且实际的晋升决策通常也是由组织内各团队的领导者所作出的（Webster and Beehr，2013），因此，本书将主要关注团队的地位晋升标准。

如前文所述，相对标准和绝对标准被认为是两类最典型的地位晋升标准（Ghorpade and Chen，1995）。其中，相对地位晋升标准依据员工与他人相比所处的排序结果来决定员工所能获得的地位资源。当团队更多采用相对标准来决定员工地位晋升时，团队通常会规定一个可以获得晋升的指标或者比例，例如，有的院系在对教师进行职称评定时会明确具体有几个教授指标（刘智强等，2013）。绝对地位晋升标准则依据员工是否达到事先确定的客观标准来决定员工能否获得更高的正式地位，以及与地位相伴随的资源。当团队更多

采用绝对标准来确定员工地位晋升时，团队通常会设定一个可以获得晋升的客观标准，任何人只要达到标准就能获得晋升，而不会限定晋升的指标或者比例（卫利华等，2019）。例如，有的院系会明确只要教师达到什么标准（例如，发表几篇指定期刊的论文或者获得什么级别的基金资助）时就可以获得副教授职称，这种做法就是绝对地位晋升标准的体现。

以往研究指出，地位晋升标准不仅是组织在决定个体地位晋升时所遵循的依据，同时也会对个体在工作中的关注点和行为发挥引导作用（Lin et al.，1981）。有学者强调，相对地位晋升标准和绝对地位晋升标准最关键的区别在于引导个体与谁进行比较，进而会对个体行为产生不同的作用（刘智强等，2013）。在相对地位晋升标准下，个体需要与他人进行竞争，只要比他人表现得更优秀，个体就能获得更高地位，即使个体自身的工作表现并不佳。因此，相对地位晋升标准会引导个体更多地关注对他人与自身工作表现进行比较，而分散个体真正用于提升自身工作表现的注意力（刘智强等，2019）。而在绝对地位晋升标准下，个体能否获得更高地位主要取决于其工作表现所能达到的绝对高度，而与他人的工作表现相关性不大（刘智强等，2019）。刘智强等（2013）指出，绝对地位晋升标准提倡绝对实力是个体能否成功获得正式地位晋升的决定性因素，而他人无法改变个体的绝对高度。因此，当组织采用绝对地位晋升标准时，若想获得更高的正式地位，个体必须努力提升自身的实力水平，以达到组织预先设定的晋升标准。绝对地位晋升标准因而会引导个体与自己进行比较，驱动个体专注于努力提升自身工作表现，而与他人进行比较的倾向会更低（刘智强等，2013；刘智强等，2019）。基于此，当面对组织所树立的创新榜样，团队所实施的地位晋升标准也可能会引导个体对创新榜样与自身的工作表现有不同的关注重点，进而影响个体对于创新榜样相似性的心理和行为反应。

根据社会认知理论（Bandura，1986，1997），由于绝对地位晋升标准会引导个体注重提升自身实力和表现，以达到组织所设定的客观晋升标准，在这种制度设计下，创新榜样相似性因而更有可能会引发个体向组织所树立创新榜样学习以提高自身表现的意愿，从而促使个体在学习创新榜样的过程中构建更强的创新自我效能。具体而言，当团队的地位晋升标准更趋向于绝对型时，个体能否获得更高的正式地位主要取决于其工作表现所能达到的绝对高度（卫利华等，2019）。只要个体的工作表现能够满足预先设定的标准，个体就能获得地位晋升，否则就无法获得晋升。因此，这种晋升制度设计会引导个体更加专注于提升自身工作实力和表现（刘智强等，2013）。由于组织树立创新榜样的举措表明了组织对于创造力的重视，暗示着展现创造力可能是评估个体工作实力或表现的一个重要维度，或者是个体提高工作表现的一个重要途径。因此，提升自身的创造力表现对于个体能否获得地位晋升应该有重要作用。当个体感知组织所树立的创新榜样与自己有较高相似性时，个体因而更有可能将创新榜样视为学习模范，产生更强烈的向创新榜样学习的意愿，以期提高自身的创造力表现，达到地位晋升的标准。在观察和学习创新榜样的过程中，个体将有更多机会掌握创造力相关的方法、技能和知识，进而产生更强的创新自我效能。

相反，当所处团队的地位晋升标准更趋向于相对型时，个体倾向于将更多关注点放在与他人进行比较上，而用于提升自身工作表现的注意力可能会被分散。这是因为，在这种制度设计下，即使个体的工作表现不佳，但只要其表现得比别人更优秀，就可以获得地位晋升。而如果他人的表现更优秀，即使个体取得了良好的工作表现对于地位晋升也无济于事（刘智强等，2013）。也就是，在这种制度设计下，单纯依靠提升自身的工作表现并无法有效预测个体的地位晋升机会（Phelan and Lin，2001），个体能否获得更高正式地位还取决于其他人的工作表现。因此，个体可能会投入更多时间和精力用于关注他人的工作表现，以及和他人进行比较，以了解自身在地位竞争中的所处位置和晋升可能性（刘智强等，2019）。由于人的认知资源是有限的，当投入更多精力用于关注他人的工作表现，以及与他人进行比较时，个体对于通过各种途径（如替代性经验或模范学习）提升自我表现的动机和注意力分配因而可能会减少（Kanfer et al.，1994；刘智强等，2013）。因此，面对组织树立的创新榜样，对创新榜样相似性的感知所激发的个体向创新榜样学习的意愿和进行的投入也可能会更低，从而使得个体通过学习创新榜样在创造力方面的替代性经验而构建创新自我效能的可能性也更低。

于是，本书提出如下假设：

假设8：团队地位晋升标准会调节创新榜样相似性与个体创新自我效能之间的关系，具体而言，当团队地位晋升标准越趋向于绝对型时，创新榜样相似性与创新自我效能之间的正向关系将更强，而当团队地位晋升标准越趋向于相对型时，上述正向关系将更弱。

此外，考虑到团队地位晋升标准可以调节创新榜样相似性与创新自我效能之间的关系，而创新自我效能可以传导创新榜样相似性对创新过程投入以及最终对突破性创造力和渐进性创造力的正向影响效应，团队地位晋升标准因而可能是创新榜样相似性通过创新自我效能和创新过程投入对个体突破性创造力和渐进性创造力的间接影响效应的重要边界条件。

因此，本书提出如下假设：

假设9：团队地位晋升标准会调节创新榜样相似性通过创新自我效能和创新过程投入与个体（a）突破性创造力和（b）渐进性创造力之间的正向间接关系，具体而言，当团队地位晋升标准越趋向于绝对型时，上述正向的间接关系将更强，而当团队地位晋升标准越趋向于相对型时，上述正向的间接关系将更弱。

九、团队地位晋升标准对创新榜样相似性与创新认同威胁之间关系的调节效应

基于社会比较理论的自我评价维持模型，本书进一步提出创新榜样相似性与创新认同威胁之间的关系也可能会受到团队地位晋升标准的影响。根据社会比较理论的自我评价维持模型（Tesser, 1980; Tesser, 1988），由于相对地位晋升标准会引导个体与他人进行比较来确定有关自我的评价（刘智强等, 2013），在这种制度设计下，创新榜样相似性因而更有可能引发个体对组织所树立创新榜样的社会比较倾向，从而体会到更强烈的创新认同威胁。具体而言，当团队的晋升标准越趋向于相对型时，个体能否获得更高的地位资

源主要取决于其与他人相比所处的排序位置。这会驱动个体将他人视为参照对象，与他人进行比较来获得有关自身工作表现的评价（刘智强等，2019；卫利华等，2019）。因此，面对组织所树立的创新榜样，当个体感知创新榜样与自身有更高相似性时，个体也更有可能将创新榜样视为用于比较的参照对象，来确定有关自身创造力表现的评价。即使组织所树立的创新榜样和个体不属于同一个团队或者不存在地位竞争关系，但是由于创新榜样的创造力表现一般情况下反映了组织内创造力表现的最高水平，而且也是其他地位竞争者未达到而又期望努力达到的水平，与其进行比较在一定程度上也可以为个体评价自身表现的所处水平和晋升机会提供参考，因此个体仍然可能会产生与其进行比较的倾向。由于与创新榜样在创造力方面的出色表现相比，个体当前的创造力表现会显得逊色，这会致使个体预期到自己可能很难像创新榜样一样获得高水平的创造力表现来支持自身创新认同，或者像创新榜样一样获得组织内他人对自身创新认同的关注和认可。因此，个体会更加预期到自身的创新认同将难以得到有效展现，从而体验到更强的创新认同威胁。

相反，由于绝对地位晋升标准会引导个体更多关注提升自身工作表现，而与他人进行比较的倾向更低（刘智强等，2013），在这种制度设计下，创新榜样相似性所可能引发的个体对创新榜样的向上比较倾向也会更低，从而使得个体创新角色认同所受到的威胁也越弱。具体而言，当团队的地位晋升标准越趋向于绝对型时，个体能否获得地位晋升主要取决于其自身工作表现是否能够达到事先所设定的客观标准（刘智强等，2019）。更倾向于采用绝对地位晋升标准的团队通常不会对晋升指标或者比例进行限制，任何人只要达到标准都能获得地位晋升，因此个体不需要与其他人进行竞争和比较。由于其他人的工作表现与自己能否获得地位资源无关，至少在当期没有直接关联，个体与他人进行社会比较的倾向将会更弱（刘智强等，2013）。因此，面对组织所树立的创新榜样，即使个体感知创新榜样与自身有较高的相似性，由于缺少进行社会比较的目的和动机，个体与创新榜样进行社会比较的可能性将较低，个体创新角色认同受到的威胁也将更小。

基于上述推理，本书提出如下假设：

假设 10：团队地位晋升标准会调节创新榜样相似性与个体创新认同威胁之间的关系，具体而言，当团队地位晋升标准越趋向于相对型时，创新榜样相似性与创新认同威胁之间的正向关系将更强，而当团队地位晋升标准越趋向于绝对型时，上述正向关系将更弱。

此外，考虑到团队地位晋升标准可以调节个体创新榜样相似性与创新认同威胁之间的关系，而创新认同威胁可以传导创新榜样相似性对创新过程投入以及最终对突破性创造力和渐进性创造力的负向影响效应，团队地位晋升标准因而可能是创新榜样相似性通过创新认同威胁和创新过程投入对个体突破性创造力和渐进性创造力的间接影响效应的重要边界条件。

因此，本书提出如下假设：

假设 11：团队地位晋升标准会调节创新榜样相似性通过创新认同威胁和创新过程投入与个体（a）突破性创造力和（b）渐进性创造力之间的负向间接关系，具体而言，当团队地位晋升标准越趋向于相对型时，上述负向的间接关系将更强，而当团队地位晋升标准越趋向于绝对型时，上述负向的间接关系将更弱。

十、研究假设汇总

结合社会认知理论和社会比较理论的自我评价维持模型（Bandura，1977；Tesser，1988；Tesser et al.，1988），本书共提出了关于创新榜样相似性与个体突破性创造力和渐进性创造力关系的 11 个研究假设，全部研究假设的具体内容如表 3 - 1 所示。

表 3 - 1 　　　　　　　　　　研究假设汇总

假设编号	假设内容
1	创新榜样相似性与个体创新自我效能正相关
2	个体创新自我效能与创新过程投入正相关

假设编号	假设内容
3	个体创新过程投入与（a）突破性创造力和（b）渐进性创造力均正相关，（c）且相较于渐进性创造力，创新过程投入与突破性创造力的正向关系更强
4	创新榜样相似性通过创新自我效能和创新过程投入的链式中介作用正向影响个体的（a）突破性创造力和（b）渐进性创造力，（c）且相较于渐进性创造力，创新榜样相似性通过创新自我效能和创新过程投入对突破性创造力的正向间接影响效应更强
5	创新榜样相似性与个体创新认同威胁正相关
6	个体创新认同威胁与创新过程投入负相关
7	创新榜样相似性通过创新认同威胁和创新过程投入的链式中介作用负向影响个体的（a）突破性创造力和（b）渐进性创造力，（c）且相较于渐进性创造力，创新榜样相似性通过创新认同威胁和创新过程投入对突破性创造力的负向间接影响效应更强
8	团队地位晋升标准会调节创新榜样相似性与个体创新自我效能之间的关系，具体而言，当团队地位晋升标准越趋向于绝对型时，创新榜样相似性与创新自我效能之间的正向关系将更强，而当团队地位晋升标准越趋向于相对型时，上述正向关系将更弱
9	团队地位晋升标准会调节创新榜样相似性通过创新自我效能和创新过程投入与个体（a）突破性创造力和（b）渐进性创造力之间的正向间接关系，具体而言，当团队地位晋升标准越趋向于绝对型时，上述正向的间接关系将更强，而当团队地位晋升标准越趋向于相对型时，上述正向的间接关系将更弱
10	团队地位晋升标准会调节创新榜样相似性与个体创新认同威胁之间的关系，具体而言，当团队地位晋升标准越趋向于相对型时，创新榜样相似性与创新认同威胁之间的正向关系将更强，而当团队地位晋升标准越趋向于绝对型时，上述正向关系将更弱
11	团队地位晋升标准会调节创新榜样相似性通过创新认同威胁和创新过程投入与个体（a）突破性创造力和（b）渐进性创造力之间的负向间接关系，具体而言，当团队地位晋升标准越趋向于相对型时，上述负向的间接关系将更强，而当团队地位晋升标准越趋向于绝对型时，上述负向的间接关系将更弱

第四章
创新榜样相似性影响不同类型
创造力的定量研究

第一节　定量研究设计

为了对创新榜样相似性与个体突破性创造力和渐进性创造力之间的复杂关系，以及其中的作用机制和边界条件进行系统考察，本书将开展两个定量研究。为了对研究模型进行整体检验，本书将首先开展一个三阶段、两来源的问卷调查研究。具体而言，问卷调查研究将以来自多个行业的高科技企业的研发团队作为研究样本，在三个不同的时间点，分别从团队领导和普通成员处收集个体层面和团队层面的问卷数据。为了对问卷数据进行分析，以检验研究假设，本书将首先运用 Mplus 8.3 软件对研究变量进行验证性因子分析，接着运用 SPSS 22 软件对研究变量进行描述性统计分析和相关分析，最后运用 Mplus 8.3 软件构建一个同时包含两条链式中介路径和调节变量的跨层次模型来进行路径分析，并采用蒙特卡洛（Monte Carol）置信区间估计方法，进行 20000 次重复抽样来构建中介效应的 95% 置信区间（Preacher et al.，2010），以系统检验创新榜样相似性对个体突破性创造力和渐进性创造力的积极影响效应和消极影响效应，以及其中的作用机制和边界条件。

在问卷调查研究的基础上，为了对研究结果进行重复验证，尤其重要的是对研究模型中变量之间的因果关系进行检验，以增强研究结论的内部效度，弥补问卷调查研究的局限性，本书接着将开展两个情景实验研究。首先，将开展一个预实验来确认本书对于创新榜样相似性的操纵方法的有效性，以及证实创新榜样相似性确实会作用于个体的创新自我效能和创新认同威胁，并进而对个体的创新过程投入以及最终的突破性创造力和渐进性创造力产生影响。在此基础上，还将开展一个正式实验来对整体研究模型进行检验，即对创新榜样相似性和团队地位晋升标准同时进行操纵，进而观察个体在创新自我效能、创新认同威胁、创新过程投入以及突破性创造力和渐进性创造力等方面的表现。在预实验和正式实验中，为了对实验数据进行分析，以检验研究假设，本书都将首先运用 SPSS 22 软件进行实验操纵性检验，并分析各主要变量在不同实验条件下的均值和标准差。接着，本书将运用 Mplus 8.3 软件构建模型来进行路径分析，并采用拔靴法（bootstrapping）进行 20000 次重复抽样来生成中介效应的 95% 置信区间，以对研究模型和假设进行检验。

同时采用问卷调查法和实验法来对模型进行定量检验是组织行为学研究领域广泛采用的一种研究方式（Vincent and Kouchaki，2016），这样既可增强研究结论的外部效度，又有助于建立研究变量间的因果关系，提高研究结论的内部效度。

第二节　问卷调查研究

本书采用三阶段、两来源的方式收集问卷调查数据来对整体研究模型进行检验。具体而言，本书以来自多个行业的高科技企业的研发团队作为研究样本，在三个不同的时间点，分别从团队领导和普通成员处收集个体层面和团队层面的数据，来系统检验创新榜样相似性对个体突破性创造力和渐进性创造力的"双刃剑"影响效应，以及创新自我效能、创新认同威胁和创新过程投入在其中的中介作用和团队地位晋升标准在其中所发挥的调节作用。

一、样本与程序

被调查者主要通过研究者所在高校的非全日制工商管理硕士（MBA）学员网络获取。具体而言，参考以往同样通过 MBA 学员网络进行问卷数据收集的研究的做法（Gray et al., 2022），研究者首先在所在高校的非全日制 MBA 班级对本次研究的目的和意义进行宣讲和介绍，招募 MBA 学员志愿协助进行问卷调研。本次共招募到 56 位 MBA 学员志愿参与问卷调研。对于自愿报名协助进行问卷调研的 MBA 学员，研究者对他们进行了一个初步培训，简要介绍了常规的问卷调研方法、流程和注意事项，并向他们详细介绍了本次调研的目的、流程、时间安排以及所需用到的问卷材料。接着，每位学员需要依靠个人社交网络负责从自己熟悉的高科技企业招募至少三个研发团队参与问卷调研。MBA 学员首先需要与研发团队的领导取得联系，邀请他们参与调研，并获取有关他们团队成员的姓名、部门和岗位等相关的信息。随后，MBA 学员需在三个不同的时间点到企业现场分别邀请研发团队领导或普通成员参与问卷调研。在每次正式调研前，MBA 学员需要向被调查者强调本次问卷调查的答案无对错之分且所有调查数据将仅用于学术研究，以减轻被调查者的心理顾虑。在上述数据收集过程中，研究者一直与各个 MBA 学员保持着紧密联系和沟通，并对整个过程进行密切监督。

为避免共同方法偏差的问题，本书的调查数据在三个不同的时间点收集，并分别从团队领导和团队成员处收集问卷调查数据。具体而言，在第一阶段（T1），由团队成员汇报自身的性别、年龄、教育程度、组织任期、与领导共事时间等人口统计学信息，并且评价组织所树立创新榜样与自身的相似性。由于只有当被调查者意识到其周围存在组织所树立的创新榜样才符合本书的样本要求，在测量创新榜样相似性之前，被调查者需要先确认其周围是否存在组织所树立的创新榜样。只有确认周围存在组织所树立创新榜样的被调查者的问卷数据才得以保留。此外，团队领导还需对团队所实施的地位晋升标准进行评价。在这一阶段，共向团队成员发放问卷 626 份，向团队领导发放问卷 158 份，回收到的有效问卷中，成员问卷 543 份，领导问卷 142 份。1 个月后，开展第二阶段（T2）的问卷调研，向参与了第一阶段调研的 543 位团队成员发放问卷，邀请他们评价自身的创新自我效能和创新认同威胁。本阶段回收到有效问卷 502 份。1 个月后，再开展第三阶段（T3）的问卷调研，向参与了第二阶段调研的 502 位团队成员再次发放问卷，邀请他们评价自身的创新过程投入，同时向这些成员的 131 位团队领导发放问卷，邀请他们对成员的突破性创造力和渐进性创造力进行评价。最后，对存在大量缺失、团队成员与团队领导无法匹配以及成员少于 3 人的团队的问卷进行剔除后，本书共获得分别来自 54 家企业的有效成员问卷 469 份，有效领导问卷 123 份，成员问卷的总体有效回收率为 74.9%，领导问卷的总体有效回收率为 77.8%。这 54 家企业分布于湖北、湖南和广东等省份，主要涉及电子通信、生物医疗、互联网和信息技术等行业。在团队成员样本中，44.8% 为女性，平均年龄为 30.31 岁（标准差为 6.83），平均组织任期为 4.95 年（标准差为 4.45），54.8% 的成员至少拥有本科学历，16.3% 的成员拥有研究生学历。在团队领导样本中，30.1% 为女性，平均年龄为 38.14 岁（标准差为 7.67），平均组织任期为 9.50 年（标准差为 5.31），44.7% 的领导至少拥有本科学历，30.1% 的领导拥有研究生学历。

二、变量测量

本书所采用的量表均来自国内外现有成熟量表，或在国内外现有成熟量表的基础上改编而成。本书中所使用的国外量表均通过翻译 – 回译的方式获得中文量表（Brislin，1986），即研究者首先将原始的英文量表翻译成了中文量表，然后由 2 位拥有熟练英语水平的组织行为与人力资源管理方向的博士研究生分别将这些中文量表回译成英文。接着，研究者与上述 2 位博士研究生以及 1 位组织行为与人力资源管理方向的教授就原始的英文量表、翻译的中文量表及回译的英文量表进行共同比对、讨论和修订，形成本书最终所采用的中文量表。除非特别说明，本书中所涉及的变量均采用李克特（Likert）

7 点量表进行测量，"1"代表"非常不同意"，"7"代表"非常同意"。

（一）创新榜样相似性

参考以往研究，创新榜样相似性采用两步法进行测量（Shah，1998）。首先，团队成员需回答问题"为了鼓励员工展现创造力，许多管理者会在公司、部门或者团队内部树立创新榜样。这些创新榜样往往在创造力方面有突出表现，他们可以是公司、部门或团队评选出来并正式授予'创新楷模''创新榜样''创新先锋'等荣誉称号的个体，也可以是管理者在日常工作中经常提及并号召大家在创造力方面以他们为榜样，向他们学习的个体。请问您周围是否存在这样的创新榜样？如果有，请在下方列出这些创新榜样的名字。如果没有，则请在下方填写'无'"。接着，对于确认其周围存在组织所树立创新榜样的员工，他们需要对所列出的创新榜样与其在观点、价值观、问题处理方式和分析方式等特征上的相似性进行评价。对于确认其周围不存在组织所树立创新榜样的员工，则被引导将问卷返回研究者，这部分问卷在后续数据整理时进行筛除。相似性的测量采用利登等（Liden et al.，1993）开发的量表，该量表共包含 6 个题项，典型题项如"上述创新榜样和我在看法、观点和价值观上相似""上述创新榜样和我使用相似的方式处理问题"。在本书中，该量表的 Cronbach's α 系数为 0.90。

（二）创新自我效能

创新自我效能的测量采用蒂尔尼和法梅尔（Tierney and Farmer，2002）开发的量表，该量表共包含 3 个题项，典型题项如"我相信自己有能力去创造性地解决问题""我觉得自己擅长产生一些新的想法或创意"。在本书中，该量表的 Cronbach's α 系数为 0.85。

（三）创新认同威胁

创新认同威胁的测量改编自戴希曼和贝尔（Deichmann and Baer，2022）开发的量表，该量表最先被开发用于测量个体在想到需要参与第二次创造性活动的情境下所体验到的创新认同威胁，本书对该情境进行了调整，改编为测量个体在想到其所列出的创新榜样时所体验到的创新认同威胁。该量表共包含 7 个题项，典型题项如"一想到我上次列出的创新榜样，我就觉得自己可能不是一个真正有创造力的人""一想到我上次列出的创新榜样，我就对自己作出创造性成果的可能性感到不安"。在本书中，该量表的 Cronbach's α 系数为 0.83。

（四）创新过程投入

创新过程投入的测量采用张和巴托尔（Zhang and Bartol，2010）开发的量表，该量表包含 3 个维度，共有 11 个题项。其中，有 3 个题项用于测量问题识别维度，典型题项如"我花费了大量时间试图去理解问题的本质""我会从不同的视角来思考问题"；3 个题项用于测量信息搜索和编码维度，典型题项如"我会从各种来源（如个人记忆、他人的经验、文件、网络等）搜索信息""我保存了大量我所在专业领域的详细信息，以备将来使用"；5 个题项用于测量想法生成维度，典型题项如"在我决定最终的解决方案之前，我会对同一问题提出大量的替代方案""在提出新想法时，我会考虑不同的信息来源"。在本书中，该量表的 Cronbach's α 系数为 0.75。

（五）突破性创造力

突破性创造力的测量采用马贾尔等（Madjar et al.，2011）开发的量表，共 3 个题项，典型题项如"该员工在工作中展现出很高的独创性""该员工会采用十分创新的方式去开展工作"。在本书中，该量表的 Cronbach's α 系数为 0.84。

（六）渐进性创造力

渐进性创造力的测量采用马贾尔等（Madjar et al.，2011）开发的量表，共 3 个题项，典型题项如"该员工通常会适当修改组织中已有的想法和工作""该员工非常擅长适当调整组织中已有的想法和工作"。在本书中，该量表的 Cronbach's α 系数为 0.87。

（七）地位晋升标准

地位晋升标准采用刘智强等（2013）的测量方法，该方法在以往研究中也得到了多次使用（卫利华等，2019；刘智强等，2019）。具体而言，地位晋升标准分两步进行测量。首先，由团队领导从问卷所提供的列表中选择团队中最受关注的地位象征物，包括职位、权力、职称、待遇和影响力等。接着，团队领导根据实际情况对所选的地位象征物的赋予标准进行李克特7点评价。其中，1表示团队在该类地位象征物上"不设硬性标准，只设晋级比例，或者虽有硬性标准却仅充当比例划分的参考依据之一"，7则表示团队在该类地位象征物上"依据事先确定的客观标准赋予地位象征物，达到标准就获取对应等级的地位象征物而不论有多少人达到（职位除外）"。团队领导的评价越接近1时，表示团队的地位晋升标准越偏向于相对型，团队领导的评价越接近7时，则表示团队的地位晋升标准越偏向于绝对型。

（八）控制变量

参考以往研究，由于员工的性别、年龄、教育程度和组织任期等因素均被发现会对员工的创新自我效能、创新认同威胁、创新过程投入、突破性创造力或渐进性创造力造成影响（Gong et al.，2017；Mao et al.，2021；Zhang and Zhou，2014），本书对这些因素进行了控制。此外，考虑到团队成员的突破性创造力和渐进性创造力均由团队领导评价，为了排除团队领导对成员的熟悉度可能对创造力评价造成的干扰，本书对团队成员与其领导的共事时间也进行了控制。

三、研究结果

（一）验证性因子分析

为了检验本书所涉及变量（创新榜样相似性、创新自我效能、创新认同威胁、创新过程投入、突破性创造力和渐进性创造力）之间的区分效度，在正式检验假设之前，本书使用 Mplus 8.3 软件进行了验证性因子分析。由于研究中所使用测量的题项较多，本书对创新榜样相似性、创新认同威胁以及创新过程投入的测量题项进行了打包处理来获得稳定的参数估计（Little et al.，2002）。参考以往研究（Little et al.，2013），对于创新过程投入，本书根据其维度划分将创新过程投入的 11 个测量题项打包成了 3 个。对于创新榜样相似性和创新认同威胁，本书则采用载荷平衡法将这两个变量的测量题项分别打包成了 3 个。验证性因子分析结果如表 4 - 1 所示，从表中可以看出，六因子模型拟合效果很好（$\chi^2 = 378.22$；$df = 120$；TLI = 0.93；CFI = 0.94；SRMR = 0.07；RMSEA = 0.07），且显著优于其他比较模型。上述结果表明本书的核心变量之间具有较好的区分效度，适合进行后续数据分析。

（二）描述性统计分析

表 4 - 2 显示了本书各主要变量的均值、标准差以及各变量之间的相关系数。结果显示，创新榜样相似性与创新认同威胁显著正相关（$r = 0.22$，$p < 0.01$），创新认同威胁与创新过程投入显著负相关（$r = -0.14$，$p < 0.01$），创新自我效能则与创新过程投入显著正相关（$r = 0.35$，$p < 0.01$），创新过程投入进而与突破性创造力（$r = 0.47$，$p < 0.01$）和渐进性创造力（$r = 0.34$，$p < 0.01$）均显著正相关。此外，从表 4 - 2 中还可以看出，教育程度与创新认同威胁（$r = 0.11$，$p < 0.05$）、创新过程投入（$r = 0.21$，$p < 0.01$）、突破性创造力（$r = 0.21$，$p < 0.01$）及渐进性创造力（$r = 0.20$，$p < 0.01$）均显著正相关，这说明对其进行控制是有必要的。

（三）假设检验

考虑到所使用数据的嵌套性（个体员工嵌套于团队），本书使用 Mplus 8.3 软件进行跨层次路径分析来检验研究假设（Muthén and Muthén，2012）。本书构建了一个同时包含两条中介路径和调节变量的模型，来对创新榜样相似性对个体突破性创造力和渐进性创造力的影响效应、作用机制和边界条件

表4-1　问卷调查研究的验证性因子分析结果

模型	χ^2	df	$\Delta\chi^2/\Delta df$	TLI	CFI	SRMR	RMSEA
六因子模型：PDS；CSE；CIT；CPE；RC；IC	378.22	120	—	0.93	0.94	0.07	0.07
五因子模型：PDS；CSE；CIT；CPE；RC+IC	580.22	125	202.00/5***	0.88	0.90	0.08	0.09
四因子模型：PDS；CSE；CIT；CPE+RC+IC	900.92	129	522.70/9***	0.80	0.83	0.10	0.11
三因子模型：PDS；CSE+CIT；CPE+RC+IC	1283.63	132	905.41/12***	0.70	0.75	0.12	0.14
二因子模型：PDS；CSE+CIT+CPE+RC+IC	2013.98	134	1635.76/14***	0.52	0.58	0.16	0.17
单因子模型：PDS+CSE+CIT+CPE+RC+IC	2739.34	135	2361.12/15***	0.35	0.42	0.17	0.20

注：n（样本数）=469；PDS 为创新榜样相似性，CSE 为创新自我效能，CIT 为创新认同威胁，CPE 为创新过程投入，RC 为突破性创造力，IC 为渐进性创造力；***$p < 0.001$。

表4-2　问卷调查研究的各变量均值、标准差以及相关系数

类别	变量	平均值	标准差	1	2	3	4	5	6	7	8	9	10	11
个体层面	1. 性别	1.45	0.50	—										
	2. 年龄	30.31	6.83	-0.14**	—									
	3. 教育程度	3.78	0.96	-0.02	-0.24**	—								
	4. 组织任期	4.95	4.45	-0.15	0.68**	-0.20**	—							
	5. 与领导共事时间	3.86	3.23	-0.09	0.59**	-0.23**	0.82**	—						
	6. 创新榜样相似性	4.81	0.92	0.05	-0.03	0.25**	-0.05	-0.10*	(0.90)					
	7. 创新自我效能	3.71	1.12	0.05	-0.05	-0.02	-0.05	-0.04	0.02	(0.85)				
	8. 创新认同威胁	4.47	0.84	0.04	-0.002	0.11*	-0.02	-0.01	0.22**	-0.33**	(0.83)			
	9. 创新过程投入	4.45	0.62	0.02	-0.06	0.21**	-0.02	-0.08	0.52**	0.35**	-0.14**	(0.75)		
	10. 突破性创造力	4.73	1.20	0.07	0.01	0.21**	-0.03	-0.04	0.41**	0.06	0.02	0.47**	(0.84)	
	11. 渐进性创造力	4.71	1.23	0.04	-0.02	0.20**	-0.04	0.001	0.31*	0.11*	0.04	0.34**	0.65**	(0.87)
团队层面	1. 团队地位晋升标准	5.28	1.03	—										

注：n（个体样本数）$=469$；n（团队样本数）$=123$；*$p<0.05$，**$p<0.01$；对角线上的数值为相应变量的 Cronbach's α 值。

进行综合考察。在检验假设之前，本书首先将创新自我效能、创新认同威胁、创新过程投入、突破性创造力和渐进性创造力分别作为因变量，进行了两层次零模型分析，以确保这些变量有足够的组间方差。零模型分析结果显示，这些变量均有显著的组间方差。具体而言，员工创新自我效能的总变异中有21.3%来自组间差异，创新认同威胁的总变异中有20.5%来自组间差异，创新过程投入的总变异中有28.6%来自组间差异，突破性创造力的总变异中有50.8%来自组间差异，渐进性创造力的总变异中则有38.0%来自组间差异，这说明本书进行跨层次分析是合适的。此外，为了检验中介效应以及被调节的中介效应，本书还采用蒙特卡洛（Monte Carol）置信区间估计方法，进行20000次重复抽样来构建中介效应的95%置信区间（Preacher et al.，2010）。表4－3为整体模型的跨层次路径分析结果，表4－4为中介效应和被调节的中介效应检验结果。

首先，假设1提出创新榜样相似性与创新自我效能呈正相关关系。从表4－3的结果可以看出，创新榜样相似性与创新自我效能之间的关系不显著（$\beta = 0.14$，$p > 0.05$），假设1因此未得到支持。假设2提出创新自我效能与创新过程投入呈正相关关系。表4－3的结果显示，创新自我效能与创新过程投入显著正相关（$\beta = 0.18$，$p < 0.001$），假设2因此得到支持。此外，假设3a和假设3b分别提出创新过程投入与突破性创造力和渐进性创造力呈正相关关系。由表4－3所呈现的结果可以看出，创新过程投入与突破性创造力（$\beta = 0.78$，$p < 0.001$）和渐进性创造力（$\beta = 0.45$，$p < 0.05$）均显著正相关，假设3a和假设3b由此均得到支持。而且，路径分析结果显示，创新过程投入对突破性创造力的正向影响效应显著强于对渐进性创造力的正向影响效应（$\beta = 0.33$，$p < 0.05$），假设3c因此也得到了支持。假设4a和假设4b分别提出创新榜样相似性会通过创新自我效能和创新过程投入的链式中介作用对个体突破性创造力和渐进性创造力产生正向的间接影响效应。然而，由于创新榜样相似性与创新自我效能之间的关系不显著，蒙特卡洛置信区间估计分析结果表明，创新榜样相似性通过创新自我效能和创新过程投入对突破性创造力（$\beta = 0.02$，95% CI = [-0.005，0.052]）和渐进性创造力（$\beta = 0.01$，

表4-3 问卷调查研究的路径分析结果

类别	变量	中介变量						结果变量			
		创新自我效能		创新认同威胁		创新过程投入		突破性创造力		渐进性创造力	
		估计值	标准误	估计值	标准误	估计值	标准误	估计值	标准误	估计值	标准误
个体层变量	性别	0.09	0.12	0.06	0.08	-0.09	0.06	0.07	0.08	0.01	0.12
	年龄	-0.02	0.01	0.01	0.01	-0.001	0.01	-0.001	0.01	-0.01	0.01
	教育程度	-0.07	0.07	0.06	0.06	0.02	0.04	0.12^*	0.06	0.19^*	0.10
	组织任期	0.01	0.02	0.01	0.02	0.01	0.02	-0.02	0.02	-0.03	0.02
	与领导共事时间	0.002	0.03	-0.002	0.02	-0.02	0.02	-0.01	0.03	0.05	0.04
	创新榜样相似性	0.14	0.09	0.14	0.08	0.25^{***}	0.06	0.01	0.07	-0.03	0.08
	创新自我效能					0.18^{***}	0.04	-0.05	0.05	0.10	0.09
	创新认同威胁					-0.16^{**}	0.05	0.01	0.07	0.09	0.09
	创新过程投入							0.78^{***}	0.15	0.45^*	0.20
团队层变量	团队地位晋升标准	0.04	0.07	0.01	0.05						
跨层变量	创新榜样相似性 × 团队地位晋升标准	0.34^{***}	0.08	-0.23^{**}	0.07						

注：n（个体样本数）=469；n（团队样本数）=123；$^*p<0.05$，$^{**}p<0.01$，$^{***}p<0.001$。

表 4 - 4　　　　问卷调查研究的中介效应和被调节的中介效应检验结果

效应	路径	团队地位晋升标准	效应值	95% 置信区间
中介效应	PDS→CSE→CPE→RC		0.02	[-0.005, 0.052]
	PDS→CSE→CPE→IC		0.01	[-0.003, 0.036]
	PDS→CIT→CPE→RC		-0.02	[-0.047, 0.002]
	PDS→CIT→CPE→IC		-0.01	[-0.032, 0.001]
被调节的中介效应	PDS→CSE→CPE→RC	绝对标准（+1SD）	0.07	[0.024, 0.129]
		相对标准（-1SD）	-0.03	[-0.072, 0.005]
		差值	0.10	[0.037, 0.177]
	PDS→CSE→CPE→IC	绝对标准（+1SD）	0.04	[0.004, 0.092]
		相对标准（-1SD）	-0.02	[-0.049, 0.003]
		差值	0.06	[0.006, 0.128]
	PDS→CIT→CPE→RC	绝对标准（+1SD）	0.01	[-0.015, 0.044]
		相对标准（-1SD）	-0.05	[-0.098, -0.012]
		差值	0.06	[0.014, 0.123]
	PDS→CIT→CPE→IC	绝对标准（+1SD）	0.01	[-0.009, 0.029]
		相对标准（-1SD）	-0.03	[-0.069, -0.002]
		差值	0.04	[0.002, 0.085]

注：n（个体样本数）= 469；n（团队样本数）= 123；PDS 为创新榜样相似性，CSE 为创新自我效能，CIT 为创新认同威胁，CPE 为创新过程投入，RC 为突破性创造力，IC 为渐进性创造力。

95% CI = [-0.003, 0.036]）的间接效应均不显著，假设 4a 和假设 4b 由此未得到支持。而且，结果还显示，创新榜样相似性通过创新自我效能和创新过程投入对突破性创造力和渐进性创造力的间接影响效应没有显著差异（β = 0.01，95% CI = [-0.005, 0.021]），假设 4c 也未得到支持。

其次，假设 5 提出创新榜样相似性与创新认同威胁正相关。从表 4 - 3 的结果可以看出，创新榜样相似性与创新认同威胁间的关系不显著（$\beta = 0.14$，$p > 0.05$），假设 5 未得到支持。假设 6 提出创新认同威胁与创新过程投入负相关。表 4 - 3 的结果显示，创新认同威胁与创新过程投入显著负相关（$\beta = -0.16$，$p < 0.01$），假设 6 得到支持。假设 7a 和假设 7b 分别提出创新榜样相似性会通过创新认同威胁和创新过程投入的链式中介作用对个体突破性创造力和渐进性创造力产生负向的间接影响效应。然而，由于创新榜样相似性与创新认同威胁之间的关系不显著，蒙特卡洛置信区间估计分析结果也表明，创新榜样相似性通过创新认同威胁和创新过程投入对突破性创造力（$\beta = -0.02$，$95\% \text{CI} = [-0.047, 0.002]$）和渐进性创造力（$\beta = -0.01$，$95\% \text{CI} = [-0.032, 0.001]$）的间接效应均不显著，假设 7a 和假设 7b 由此未得到支持。而且，结果还显示，创新榜样相似性通过创新认同威胁和创新过程投入对突破性创造力和渐进性创造力的间接影响效应没有显著差异（$\beta = -0.01$，$95\% \text{CI} = [-0.018, 0.003]$），假设 7c 也未得到支持。

最后，对团队地位晋升标准的调节效应进行检验。假设 8 提出团队所采用的地位晋升标准会调节创新榜样相似性与创新自我效能之间的关系。从表 4 - 3 的结果可以看出，团队地位晋升标准与创新榜样相似性的交互项与创新自我效能显著正相关（$\beta = 0.34$，$p < 0.001$）。为了更直观地反映地位晋升标准的调节效应，本书绘制了团队地位晋升标准在高于和低于均值一个标准差的水平下对创新榜样相似性与创新自我效能间关系的调节作用图。从图 4 - 1 可以看出，当团队地位晋升标准较高，即更趋向于绝对型标准时，创新榜样相似性与创新自我效能显著正相关（$\beta = 0.49$，$p < 0.001$），而当团队地位晋升标准较低，即更趋向于相对型标准时，创新榜样相似性与创新自我效能之间的关系不显著（$\beta = -0.22$，$p > 0.05$），且高低差异在统计上显著（$\beta = 0.71$，$p < 0.001$），假设 8 得到支持。

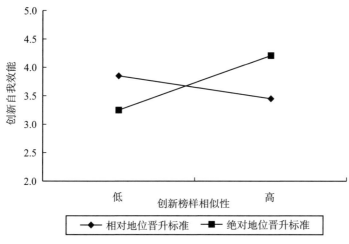

图4-1　问卷调查研究团队地位晋升标准的调节效应（一）

假设9a和假设9b分别提出团队所采用的地位晋升标准会调节创新榜样相似性通过创新自我效能和创新过程投入与突破性创造力和渐进性创造力之间的间接关系。蒙特卡洛检验结果显示，团队地位晋升标准显著性调节创新榜样相似性通过创新自我效能和创新过程投入与突破性创造力之间的间接关系（$\beta = 0.10$，95% CI = [0.037，0.177]），具体而言，当团队地位晋升标准较高，即更趋向于绝对型时，创新榜样相似性通过创新自我效能和创新过程投入与突破性创造力之间的间接关系显著为正（$\beta = 0.07$，95% CI = [0.024，0.129]），而当团队地位晋升标准较低，即更趋向于相对型时，创新榜样相似性通过创新自我效能和创新过程投入与突破性创造力之间的间接关系不显著（$\beta = -0.03$，95% CI = [-0.072，0.005]），假设9a得到支持。此外，蒙特卡洛检验结果还显示，团队地位晋升标准显著性调节创新榜样相似性通过创新自我效能和创新过程投入与渐进性创造力之间的间接关系（$\beta = 0.06$，95% CI = [0.006，0.128]），具体而言，当团队地位晋升标准较高，即更趋向于绝对型时，创新榜样相似性通过创新自我效能和创新过程投入与渐进性创造力之间的间接关系显著为正（$\beta = 0.04$，95% CI = [0.004，0.092]），而当团队地位晋升标准较低，即更趋向于相对型时，创新榜样相似性通过创新自我效能和创新过程投入与渐进性创造力之间的间接关系不显著（$\beta = -0.02$，95% CI = [−0.049，0.003]），假设 9b 得到支持。

假设 10 提出团队地位晋升标准会调节创新榜样相似性与创新认同威胁之间的关系。从表 4-3 的结果可以看出，团队地位晋升标准与创新榜样相似性的交互项与创新认同威胁显著负相关（$\beta = -0.23$，$p < 0.01$）。为了更直观地反映地位晋升标准的调节效应，本书绘制了团队地位晋升标准在高于和低于均值一个标准差的水平下对创新榜样相似性与创新认同威胁间关系的调节作用图。从图 4-2 可以看出，当团队地位晋升标准较高，即更趋向于绝对型时，创新榜样相似性与创新认同威胁之间没有显著关系（$\beta = -0.10$，$p > 0.05$），而当团队地位晋升标准较低，即更趋向于相对型时，创新榜样相似性与创新认同威胁显著正相关（$\beta = 0.38$，$p < 0.001$），且高低差异在统计上显著（$\beta = -0.48$，$p < 0.01$），假设 10 得到支持。

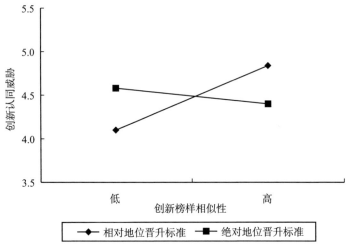

图 4-2 问卷调查研究团队地位晋升标准的调节效应（二）

假设 11a 和假设 11b 分别提出团队地位晋升标准会调节创新榜样相似性通过创新认同威胁和创新过程投入与突破性创造力和渐进性创造力之间的间接关系。蒙特卡洛检验结果显示，团队地位晋升标准显著性调节创新榜样相似性通过创新认同威胁和创新过程投入与突破性创造力之间的间接关系（$\beta = 0.06$, $95\% \, CI = [0.014, 0.123]$），具体而言，当团队地位晋升标准较高，即更趋向于绝对型时，创新榜样相似性通过创新认同威胁和创新过程投入与突破性创造力之间的间接关系不显著（$\beta = 0.01$, $95\% \, CI = [-0.015, 0.044]$），而当团队地位晋升标准较低，即更趋向于相对型时，创新榜样相似性通过创新认同威胁和创新过程投入与突破性创造力之间的间接关系显著为负（$\beta = -0.05$, $95\% \, CI = [-0.098, -0.012]$），假设 11a 得到支持。此外，蒙特卡洛检验结果还显示，团队地位晋升标准显著性调节创新榜样相似性通过创新认同威胁和创新过程投入与渐进性创造力之间的间接关系（$\beta = 0.04$, $95\% \, CI = [0.002, 0.085]$），具体而言，当团队地位晋升标准较高，即更趋向于绝对型时，创新榜样相似性通过创新认同威胁和创新过程投入与渐进性创造力之间的间接关系不显著（$\beta = 0.01$, $95\% \, CI = [-0.009, 0.029]$），而当团队地位晋升标准较低，即更趋向于相对型时，创新榜样相似性通过创新认同威胁和创新过程投入与渐进性创造力之间的间接关系显著为负（$\beta = -0.03$, $95\% \, CI = [-0.069, -0.002]$），假设 11b 得到支持。

（四）补充分析

为了检验研究结果的稳健性，本书还进行了补充分析。首先，本书将所有控制变量去除后对模型进行了重新检验。数据分析结果显示，创新榜样相似性与创新自我效能（$\beta = 0.12$, $p > 0.05$）和创新认同威胁（$\beta = 0.13$, $p > 0.05$）之间的关系仍然不显著，而且创新榜样相似性通过创新自我效能或创新认同威胁对创新过程投入以及最终突破性创造力和渐进性创造力的间接效应也均不显著。但是，创新自我效能与创新过程投入显著正相关（$\beta = 0.18$, $p < 0.001$），创新认同威胁与创新过程投入显著负相关（$\beta = -0.15$, $p < 0.01$），创新过程投入进而与突破性创造力（$\beta = 0.82$, $p < 0.001$）和渐进性创造力（$\beta = 0.47$, $p < 0.05$）也均显著正相关。而且，相较于渐进性创造力，创新过程投入对突破性创造力的正向影响效应显著更强（$\beta = 0.36$, $p < 0.05$）。另外，团队地位晋升标准仍然显著正向调节创新榜样相似性与创新自

我效能之间的正向关系（$\beta = 0.37$，$p < 0.001$），并负向调节创新榜样相似性
与创新认同威胁之间的正向关系（$\beta = -0.24$，$p < 0.001$）。而且，团队地位
晋升标准对于创新榜样相似性通过创新自我效能和创新过程投入与突破性创
造力（$\beta = 0.11$，95% CI = [0.043，0.201]）和渐进性创造力（$\beta = 0.06$，
95% CI = [0.003，0.147]）之间的间接关系有显著的调节作用。同样地，团
队地位晋升标准对于创新榜样相似性通过创新认同威胁和创新过程投入与突
破性创造力（$\beta = 0.06$，95% CI = [0.013，0.129]）和渐进性创造力（$\beta =$
0.04，95% CI = [0.001，0.091]）之间的间接关系也有显著的调节作用。在
此之外，本书还尝试去除一组控制变量，如对创新自我效能、创新认同威胁、
创新过程投入或两类创造力有显著影响（教育程度）或没有显著影响（性
别、年龄、组织任期和与领导共事时间）的控制变量后，再对模型进行重新
检验，所有假设检验结果仍然保持不变。为简洁起见，此部分检验结果未再
详细列出。以上结果说明本书的结论具有较高的稳健性。

四、结果讨论

基于来自 123 个团队的团队领导及相应的 469 位团队成员的三阶段配对
问卷调查数据，本书构建了一个同时包含两条链式中介路径和调节变量的跨
层次模型，来系统检验创新榜样相似性对个体突破性创造力和渐进性创造力
的"双刃剑"影响效应，以及其中的作用机制和边界条件。本书发现：第
一，创新自我效能与创新过程投入呈正相关关系，创新认同威胁则与创新过
程投入呈负相关关系；第二，创新过程投入对于突破性创造力和渐进性创造
力均有促进作用，而且其对突破性创造力的正向影响效应显著强于对渐进性
创造力的正向影响效应；第三，团队地位晋升标准会正向调节创新榜样相似
性与创新自我效能之间的关系，而且还会正向调节创新榜样相似性通过创新
自我效能和创新过程投入与突破性创造力和渐进性创造力的正向关系，当团
队地位晋升标准更趋向于绝对型时，创新榜样相似性会通过创新自我效能和
创新过程投入对个体突破性创造力和渐进性创造力发挥更强的正向作用；第

四，团队地位晋升标准会负向调节创新榜样相似性与创新认同威胁之间的关系，而且还会负向调节创新榜样相似性通过创新认同威胁和创新过程投入对个体突破性创造力和渐进性创造力的负向关系，当团队地位晋升标准更趋向于相对型时，创新榜样相似性会通过创新认同威胁和创新过程投入对个体突破性创造力和渐进性创造力发挥更强的负向影响作用。由此，除假设1、假设4、假设5和假设7外，本书的其他假设均得到了支持。

与研究假设1、假设4、假设5和假设7不一致的是，本书未能验证创新榜样相似性对创新自我效能和创新认同威胁的正向影响效应，创新榜样相似性通过这两个机制对创新过程投入及最终突破性创造力和渐进性创造力的间接效应由此也未得到支持。但是，本书对团队地位晋升标准调节效应的发现为上述结果提供了可能的解释。本书发现，只有当团队采用趋向于绝对型的地位晋升标准时，创新榜样相似性会对创新自我效能发挥显著的正向作用，且会通过创新自我效能和创新过程投入对个体突破性创造力和渐进性创造力发挥显著的正向作用。相反，只有当团队采用趋向于相对型的地位晋升标准时，创新榜样相似性会对创新认同威胁发挥显著的负向作用，且会通过创新认同威胁和创新过程投入对个体突破性创造力和渐进性创造力发挥显著的负向影响作用。这一结果暗示着，创新榜样相似性可能只有在特定情境下才会对个体的突破性创造力和渐进性创造力产生积极或消极的影响作用。可见，在考察创新榜样相似性的影响效应时，对情境因素进行考虑非常重要。

虽然本书采用多时点、多来源的方式收集了问卷调查数据来检验研究模型，但是本书仍属于横截面研究，无法对变量间的因果关系进行检验。为了对变量间的因果关系进行检验，以弥补问卷调查研究的局限性，本书又开展了一个实验研究。

第三节　情景实验研究

为了对问卷调查研究所得出的结论进行重复验证，以及更重要的是对研究模型中变量之间的因果关系进行检验，以增强研究结论的内部效度，弥补问卷调查研究的不足，本书又开展了两个情景实验研究。首先，为了确认本书对于创新榜样相似性的操纵方法的有效性，以及证实创新榜样相似性确实会作用于个体的创新自我效能和创新认同威胁，并进而对个体的创新过程投入以及最终的突破性创造力和渐进性创造力产生影响，本书开展了一个预实验。其次，在预实验的基础上，本书开展了正式实验，即对创新榜样相似性和团队地位晋升标准同时进行实验操纵，继而观察个体在创新自我效能、创新认同威胁、创新过程投入以及突破性创造力和渐进性创造力等方面的表现。

一、预实验

(一) 实验被试与设计

本书通过专业数据收集平台"见数"招募了 165 位在职员工作为被试参与预实验。预实验采用单因素（创新榜样相似性：相似组－不相似组－控制组）研究设计。在 165 位被试中，58.8% 为女性，平均年龄为 31.24 岁（标准差为 7.91），平均工作年限为 7.61 年（标准差为 7.51），72.7% 的被试至少拥有本科学历，15.7% 的被试拥有研究生学历。

(二) 实验流程和操纵

实验在线上开展。首先，将所有被试随机分配到 3 个实验组，每个实验组 55 位被试，并要求被试提供有关个人性别、年龄和教育程度等人口统计学信息。其次，参考以往研究，对创新榜样相似性进行操纵（Kim et al.，2008；Lankau et al.，2005）。具体而言，相似组的被试被要求列出一位其感觉在性格、兴趣、价值观、问题解决方式和对公司事务的看法等方面与其最相似的现任或前任同事，并列出最多 3 个该同事与其相似的方面。不相似组的被试则被要求列出一位其感觉在性格、兴趣、价值观、问题解决方式和对公司事务的看法等方面与其最不相似的现任或前任同事，并列出最多 3 个该同事与其不相似的方面。控制组的被试则只被要求列出一位现任或前任同事。随后，向所有被试提供如下指导语：

"请设想你和上述所列同事均就职于一家箱包公司的产品设计团队，你们主要负责产品设计相关工作。你的同事为公司产品所提供的创意经常受到领导的高度赞扬，领导经常在你们面前表扬该同事在创造力方面所作出的表现，并号召你们以他为创新榜样。"

完成创新榜样相似性的操纵后，被试需填写有关创新榜样相似性、创新自我效能和创新认同威胁的问卷。接着，参考皮索尔等（Pearsall et al.，2008）的研究，引导被试完成创造力任务，即为公司新款背包的设计提供创意想法。具体而言，为被试提供如下指导语：

"现在公司想要设计一款新型的学生背包，该款背包最好能够与当前市面上的背包有所区别，能够提供一些独创的且具有实用价值的功能，请你为该款背包的功能设计提供一些有高度创意的想法。"

最后，在完成创造力任务后，被试还需要对其在参与创造力任务过程中的创新过程投入进行评价。

（三）变量测量

1. 操纵性检验

本书采用兰卡等（Lankau et al.，2005）所开发的量表来对创新榜样相似性进行操纵性检验，该量表共包含 6 个题项，典型题项如"上述同事（团队创新榜样）和我性格相似""上述同事（团队创新榜样）和我有相似的兴趣"。在本书中，该量表的 Cronbach's α 系数为 0.95。

2. 创新自我效能

创新自我效能的测量采用问卷调查研究中所使用的蒂尔尼和法梅尔（Tierney and Farmer，2002）开发的量表。在本书中，创新自我效能的 Cronbach's α 系数为 0.82。

3. 创新认同威胁

创新认同威胁的测量也采用问卷调查研究中所使用的戴希曼和贝尔

（Deichmann and Baer, 2022）开发的量表。在本书中，创新认同威胁的 Cronbach's α 系数为 0.93。

4. 创新过程投入

创新过程投入的测量同样采用问卷调查研究中所使用的张和巴托尔（Zhang and Bartol, 2010）开发的量表。在本书中，创新过程投入的 Cronbach's α 系数为 0.84。

5. 突破性创造力和渐进性创造力

关于突破性创造力和渐进性创造力的测量，主要参考皮索尔等（Pearsall et al., 2008）的研究，采用同感评估技术（consensus assessment technique, CAT）来对被试提供的创意想法所展现出的突破性创造力和渐进性创造力进行评价（Amabile, 1983）。具体而言，由 2 位组织行为与人力资源管理方向的博士研究生在不清楚实验目的、假设和条件的情况下，分别根据"该位被试的想法具有很高的独创性""该位被试的想法适当修改了已有的产品设计"这 2 个题项，来对每位被试所提供创意想法的突破性创造力和渐进性创造力进行评价。这 2 个题项分别来源于马贾尔等（Madjar et al., 2011）开发的用于测量突破性创造力和渐进性创造力的量表，本书对原有题项进行了适当改编以适用于实验情境。突破性创造力和渐进性创造力的测量采用 7 点评分法，1 代表"非常不同意"，7 代表"非常同意"。由于 2 位评价者对突破性创造力（$ICC_2 = 0.96$，$p < 0.001$）和渐进性创造力（$ICC_2 = 0.94$，$p < 0.001$）的评价均具有较高的一致性，因此将 2 位评价者的打分计算平均数，来作为被试最终的突破性创造力和渐进性创造力得分。

6. 控制变量

参考以往研究，由于个体的性别、年龄和教育程度等因素均被发现会对个体的创新自我效能、创新认同威胁、创新过程投入、突破性创造力或渐进性创造力造成影响（Gong et al., 2017；Mao et al., 2021；Zhang and Zhou, 2014），本书对这些因素进行了控制。

（四）实验结果

表 4 - 5 显示了本书各主要变量在不同条件下的均值和标准差。首先进行操纵性检验，结果显示，不同实验组的创新榜样相似性存在显著性差异（$F[2, 162] = 77.29$，$p < 0.001$，$\eta^2 = 0.49$）。两两比较后发现，相似组（$M = 5.78$，$SD = 0.57$）在创新榜样相似性上的得分显著高于不相似组（$M = 3.33$，$SD = 1.41$，$t(108) = 11.91$，$p < 0.001$，Cohen's $d = 2.28$）和控制组（$M = 5.22$，$SD = 1.09$，$t(108) = 3.35$，$p < 0.01$，Cohen's $d = 0.64$），而控制组在创新榜样相似性上的得分显著高于不相似组（$t(108) = 7.85$，$p < 0.05$，Cohen's $d = 1.50$）。这说明本书对创新榜样相似性的操纵是成功的。

表 4 - 5　　　　　　　　　　预实验的各变量均值和标准差

变量	相似组		不相似组		控制组	
	平均值（M）	标准差（SD）	平均值（M）	标准差（SD）	平均值（M）	标准差（SD）
创新榜样相似性	5.78	0.57	3.33	1.41	5.22	1.09
创新自我效能	5.88	0.61	5.31	0.99	5.47	1.30
创新认同威胁	3.24	1.55	2.60	0.99	2.49	1.10
创新过程投入	5.51	0.72	5.34	0.80	5.50	0.70
突破性创造力	3.40	1.83	3.40	1.86	3.77	1.72
渐进性创造力	3.79	1.71	3.78	1.55	4.17	1.56

注：n（被试数）= 55。

接着，本书使用 Mplus 8.3 软件构建了一个双路径的链式中介模型来进行路径分析。对于自变量创新榜样相似性，本书构造了 2 个虚拟变量。对于第一个虚拟变量创新榜样相似性 1，不相似组设为 1，控制组设为 0。对于第二个虚拟变量创新榜样相似性 2，不相似组设为 0，控制组设为 1。当 2 个虚拟变量均为 0 时，则代表相似组。表 4 - 6 为链式中介模型的路径分析结果。

表4-6

预实验的路径分析结果

变量	中介变量						结果变量			
	创新自我效能		创新认同威胁		创新过程投入		突破性创造力		渐进性创造力	
	估计值	标准误	估计值	标准误	估计值	标准误	估计值	标准误	估计值	标准误
性别	0.11	0.15	-0.04	0.16	0.01	0.15	-0.05	0.15	-0.05	0.15
年龄	0.01	0.01	-0.02*	0.01	0.02*	0.01	-0.01	0.01	-0.01	0.01
教育程度	-0.22	0.13	0.05	0.13	0.26*	0.13	0.01	0.13	0.03	0.13
创新榜样相似性1	-0.26***	0.07	-0.25**	0.09	-0.11	0.10	-0.01	0.09	-0.02	0.09
创新榜样相似性2	-0.19*	0.09	-0.30***	0.09	-0.01	0.09	0.04	0.09	0.05	0.09
创新自我效能					0.23*	0.09	-0.003	0.08	0.07	0.08
创新认同威胁					-0.21*	0.10	-0.20*	0.08	-0.24**	0.08
创新过程投入							0.39***	0.08	0.28**	0.08

注：n（被试数）=165；创新榜样相似性1和创新榜样相似性2为虚拟变量；*p<0.05，**p<0.01，***p<0.001。

结果显示，2个虚拟变量创新榜样相似性1（$B = -0.26$，$p < 0.001$）和创新榜样相似性2（$B = -0.19$，$p < 0.05$）与创新自我效能均显著负相关，说明创新榜样相似性与创新自我效能有显著的正相关关系，这为假设1提供了支持。路径分析结果还显示，创新自我效能与创新过程投入显著正相关（$B = 0.23$，$p < 0.05$），假设2再次得到支持。创新过程投入进而与突破性创造力（$B = 0.39$，$p < 0.001$）和渐进性创造力（$B = 0.28$，$p < 0.01$）均显著正相关，而且创新过程投入与突破性创造力之间的正向关系显著强于其与渐进性创造力之间的正向关系（$B = 0.11$，$p < 0.01$），假设3a、假设3b和假设3c也再次得到支持。

此外，2个虚拟变量创新榜样相似性1（$B = -0.25$，$p < 0.01$）和创新榜样相似性2（$B = -0.30$，$p < 0.01$）与创新认同威胁均显著负相关，说明创新榜样相似性与创新认同威胁也有显著的正相关关系，这为假设5提供了支持。路径分析结果还显示，创新认同威胁与创新过程投入显著负相关（$B = -0.21$，$p < 0.05$），假设6再次得到支持。

最后，为了检验创新自我效能、创新认同威胁和创新过程投入的链式中介效应，本书采用拔靴法（bootstrapping）进行20000次重复抽样来生成95%置信区间。结果显示，虚拟变量创新榜样相似性1通过创新自我效能和创新过程投入对突破性创造力（$B = -0.02$，95% CI = [-0.055，-0.008]）和渐进性创造力（$B = -0.02$，95% CI = [-0.043，-0.005]）均有显著的间接影响效应。虚拟变量创新榜样相似性2通过创新自我效能和创新过程投入对突破性创造力（$B = -0.02$，95% CI = [-0.045，-0.004]）和渐进性创造力（$B = -0.01$，95% CI = [-0.035，-0.003]）的间接影响效应也均显著。这说明创新榜样相似性会通过创新自我效能和创新过程投入的链式中介作用对突破性创造力和渐进性创造力均产生正向的间接影响效应，假设4a和假设4b由此得到支持。此外，结果还显示，相较于渐进性创造力，虚拟变量创新榜样相似性1（$B = -0.01$，95% CI = [-0.018，-0.002]）和创新榜样相似性2（$B = -0.01$，95% CI = [-0.016，-0.001]）通过创新自我效能和创新过程投入对突破性创造力的间接效应均更强。这说明创新榜样相似性会通过创新自我效能和创新过程投入对突破性创造力产生比对渐进性创造力更强的正向间接影响效应，假设4c由此得到支持。

此外，虚拟变量创新榜样相似性1通过创新认同威胁和创新过程投入对突破性创造力（$B = 0.02$，95% CI $= [0.003, 0.057]$）和渐进性创造力（$B = 0.02$，95% CI $= [0.002, 0.045]$）均有显著的间接影响效应。虚拟变量创新榜样相似性2通过创新认同威胁和创新过程投入对突破性创造力（$B = 0.02$，95% CI $= [0.005, 0.063]$）和渐进性创造力（$B = 0.02$，95% CI $= [0.003, 0.050]$）的间接影响效应也均显著。这说明创新榜样相似性会通过创新认同威胁和创新过程投入的链式中介作用对突破性创造力和渐进性创造力均产生负向的间接影响效应，假设7a和假设7b由此也得到了支持。此外，结果还显示，相较于渐进性创造力，虚拟变量创新榜样相似性1（$B = 0.01$，95% CI $= [0.001, 0.017]$）和创新榜样相似性2（$B = 0.01$，95% CI $= [0.002, 0.018]$）通过创新认同威胁和创新过程投入对突破性创造力的间接效应均更强。这说明创新榜样相似性会通过创新认同威胁和创新过程投入对突破性创造力产生比对渐进性创造力更强的负向间接影响效应，假设7c由此得到支持。

（五）补充分析

为了检验研究结果的稳健性，本书还进行了补充分析。首先，本书将所有控制变量去除后对链式中介模型进行了重新检验。数据分析结果显示，2个虚拟变量创新榜样相似性1（$B = -0.27$，$p < 0.001$）和创新榜样相似性2（$B = -0.19$，$p < 0.05$）与创新自我效能仍然显著负相关，创新自我效能进而与创新过程投入显著正相关（$B = 0.21$，$p < 0.05$）。另外，两个虚拟变量创新榜样相似性1（$B = -0.26$，$p < 0.01$）和创新榜样相似性2（$B = -0.30$，$p < 0.01$）与创新认同威胁也仍然显著负相关，创新认同威胁进而与创新过程投入显著负相关（$B = -0.23$，$p < 0.05$）。创新过程投入进而与突破性创造力（$B = 0.38$，$p < 0.001$）和渐进性创造力（$B = 0.27$，$p < 0.01$）也仍然显著正相关，而且创新过程投入与突破性创造力之间的正向关系显著强于其与渐进性创造力的关系（$B = 0.11$，$p < 0.01$）。

此外，虚拟变量创新榜样相似性 1 通过创新自我效能和创新过程投入对突破性创造力（$B = -0.02$，$95\% \text{CI} = [-0.054, -0.006]$）和渐进性创造力（$B = -0.02$，$95\% \text{CI} = [-0.042, -0.004]$）仍然有显著的间接影响效应。虚拟变量创新榜样相似性 2 通过创新自我效能和创新过程投入对突破性创造力（$B = -0.02$，$95\% \text{CI} = [-0.043, -0.003]$）和渐进性创造力（$B = -0.01$，$95\% \text{CI} = [-0.034, -0.002]$）的间接影响效应也均显著。而且，相较于渐进性创造力，虚拟变量创新榜样相似性 1（$B = -0.01$，$95\% \text{CI} = [-0.017, -0.001]$）和创新榜样相似性 2（$B = -0.01$，$95\% \text{CI} = [-0.015, -0.001]$）通过创新自我效能和创新过程投入对突破性创造力的间接效应均更强。

另外，虚拟变量创新榜样相似性 1 通过创新认同威胁和创新过程投入对突破性创造力（$B = 0.02$，$95\% \text{CI} = [0.005, 0.058]$）和渐进性创造力（$B = 0.02$，$95\% \text{CI} = [0.003, 0.046]$）均有显著的间接影响效应。虚拟变量创新榜样相似性 2 通过创新认同威胁和创新过程投入对突破性创造力（$B = 0.03$，$95\% \text{CI} = [0.007, 0.064]$）和渐进性创造力（$B = 0.02$，$95\% \text{CI} = [0.004, 0.051]$）的间接影响效应也仍然均显著。而且，相较于渐进性创造力，虚拟变量创新榜样相似性 1（$B = 0.01$，$95\% \text{CI} = [0.002, 0.018]$）和创新榜样相似性 2（$B = 0.01$，$95\% \text{CI} = [0.002, 0.019]$）通过创新认同威胁和创新过程投入对突破性创造力的间接效应均更强。

本书还尝试去除一组控制变量，例如，对创新自我效能、创新认同威胁、创新过程投入或两类创造力有显著影响（年龄和教育程度）或没有显著影响（性别）的控制变量后，再对模型进行重新检验，所有假设检验结果仍然保持不变。为简洁起见，此部分检验结果未再详细列出。以上结果说明本书的结论具有较高的稳健性。

在预实验中，在对创新榜样相似性进行操纵后，本书发现相似组在创新榜样相似性上的得分显著高于不相似组和控制组，而且不相似组在创新榜样相似性上的得分显著低于控制组，这说明本书对于创新榜样相似性的操纵是成功和有效的。另外，预实验的结果还证实了，一方面，创新榜样相似性确实会通过增强个体的创新自我效能，进而对个体创新过程投入以及最终的突破性创造力和渐进性创造力产生正向影响作用。另一方面，创新榜样相似性还会通过增加个体的创新认同威胁，进而对个体创新过程投入以及最终的突破性创造力和渐进性创造力产生负向影响作用。而且，相较于渐进性创造力，创新榜样相似性对突破性创造力所产生的正向和负向的间接影响效应均更强。

二、正式实验

预实验的结果表明本书对创新榜样相似性的操纵是成功和有效的，在此基础上，本书开展了一个正式的情景实验来对创新榜样相似性和团队地位晋升标准同时进行操纵，进而观察个体后续在创新自我效能、创新认同威胁、创新过程投入以及最终突破性创造力和渐进性创造力等方面的表现。

（一）实验被试与设计

本书通过专业数据收集平台"见数"招募了 200 位在职员工作为被试参与正式实验。正式实验采用 2（创新榜样相似性：相似组 – 不相似组）× 2（团队地位晋升标准：绝对标准组 – 相对标准组）被试间研究设计。在 200 位被试中，64% 的被试为女性，平均年龄为 31.69 岁（标准差为 8.31），平均工作年限为 7.68 年（标准差为 7.39），65% 的被试至少拥有本科学历，19% 的被试拥有研究生学历。

（二）实验流程和操纵

实验在线上开展。首先，将所有被试随机分配到 4 个实验组，每个实验组 50 位被试，并要求被试提供有关个人性别、年龄和教育程度等人口统计学信息。其次，参考以往研究，对创新榜样相似性进行操纵（Kim et al.，2008；Lankau et al.，2005）。具体而言，相似组的被试被要求列出 1 位其感觉在性格、兴趣、价值观、问题解决方式和对公司事务的看法等方面与其最相似的现任或前任同事，并列出最多 3 个该同事与其相似的方面。不相似组的被试则被要求列出 1 位其感觉在性格、兴趣、价值观、问题解决方式和对公司事务的看法等方面与其最不相似的现任或前任同事，并列出最多 3 个该同事与其不相似的方面。随后，向所有被试提供如下指导语：

"请设想你和上述所列同事均就职于一家箱包公司的产品设计团队，你们主要负责产品设计相关工作。你的同事为公司产品所提供的创意经常受到领导的高度赞扬，领导经常在你们面前表扬该同事在创造力方面所做出的表现，并号召你们以她/他为创新榜样。"

接着，参考刘智强等（2013）对地位晋升标准的测量，进行团队地位晋升标准的操纵。具体而言，为绝对地位晋升标准组的被试提供如下指导语：

"在你们团队中，员工所处的职级非常重要，它是员工正式地位的重要象征物，会决定员工所能获得的各种物质和非物质资源。在决定员工的职级晋升时，团队通常会事先规定一个可以获得晋升的客观标准，任何人只要达到标准就能获得更高职级。"

相对地位晋升标准组的被试则看到如下指导语：

"在你们团队中，员工所处的职级非常重要，它是员工正式地位的重要象征物，会决定员工所能获得的各种物质和非物质资源。在决定员工的职级晋升时，团队通常会事先规定可以获得晋升的比例，并对员工进行排序，只有那些获得靠前排序的员工才能获得更高职级。"

完成创新榜样相似性和团队地位晋升标准的操纵后，被试需要填写有关创新榜样相似性和团队地位晋升标准的问卷，以进行操纵性检验。而且，被试还需要填写有关创新自我效能和创新认同威胁的问卷。接着，参考皮索尔等（Pearsall et al.，2008）的研究，引导被试参与创造力任务，即为公司新款背包的设计提供创意想法。具体而言，为被试提供如下指导语：

"现在公司想要设计一款新型的学生背包，该款背包最好能够与当前市面上的背包有所区别，能够提供一些独创的且具有实用价值的功能，请你为该款背包的功能设计提供一些有高度创意的想法。"

最后，在完成创造力任务后，被试还需要对其在参与创造力任务过程中的创新过程投入进行评价。

（三）变量测量

1. 创新榜样相似性

本书采用预实验中所使用的兰卡等（Lankau et al.，2005）开发的量表来对创新榜样相似性进行操纵性检验。在本书中，该量表的 Cronbach's α 系数为 0.92。

2. 团队地位晋升标准

本书采用问卷调查研究中所使用的刘智强等（2013）的量表来对团队地位晋升标准进行操纵性检验。

3. 创新自我效能

创新自我效能的测量采用问卷调查研究中所使用的蒂尔尼和法梅尔（Tierney and Farmer，2002）开发的量表。在本书中，创新自我效能的 Cronbach's α 系数为 0.73。

4. 创新认同威胁

创新认同威胁的测量也采用问卷调查研究中所使用的戴希曼和贝尔（Deichmann and Baer，2022）开发的量表。在本书中，创新认同威胁的 Cronbach's α 系数为 0.84。

5. 创新过程投入

创新过程投入的测量同样采用问卷调查研究中所使用的张和巴托尔（Zhang and Bartol，2010）开发的量表。在本书中，创新过程投入的 Cronbach's α 系数为 0.85。

6. 突破性创造力和渐进性创造力

关于突破性创造力和渐进性创造力的测量，主要参考皮索尔等（Pearsall et al.，2008）的研究，采用同感评估技术（consensus assessment technique, CAT）来对被试提供的创意想法所展现出的突破性创造力和渐进性创造力进行评价（Amabile，1983）。具体而言，由 2 位组织行为与人力资源管理方向的博士研究生在不清楚实验目的、假设和条件的情况下，分别根据"该位被试的想法具有很高的独创性""该位被试的想法适当修改了已有的产品设计"

这 2 个题项，来对每位被试所提供创意想法的突破性创造力和渐进性创造力进行评价。这 2 个题项分别来源于马贾尔等（Madjar et al.，2011）开发的用于测量突破性创造力和渐进性创造力的量表，本书对原有题项进行了适当改编以适用于实验情境。突破性创造力和渐进性创造力的测量采用 7 点评分法，1 代表"非常不同意"，7 代表"非常同意"。由于 2 位评价者对突破性创造力（$ICC_2 = 0.94$，$p < 0.001$）和渐进性创造力（$ICC_2 = 0.94$，$p < 0.001$）的评价均具有较高的一致性，因此将 2 位评价者的打分计算平均数，来作为被试最终的突破性创造力和渐进性创造力得分。

7. 控制变量

参考以往研究，由于个体的性别、年龄和教育程度等因素均被发现会对个体的创新自我效能、创新认同威胁、创新过程投入、突破性创造力或渐进性创造力造成影响（Gong et al.，2017；Mao et al.，2021；Zhang and Zhou，2014），本书对这些因素进行了控制。

（四）实验结果

表 4 - 7 显示了本书各主要变量在不同条件下的均值和标准差。首先进行创新榜样相似性的操纵性检验。结果显示，相似组和不相似组的创新榜样相似性得分存在显著性差异（$F[1, 198] = 286.75$，$p < 0.001$，$\eta^2 = 0.59$），相似组（$M = 5.81$，$SD = 0.45$）在创新榜样相似性上的得分显著高于不相似组（$M = 3.62$，$SD = 1.21$，$t(198) = 16.93$，$p < 0.001$，Cohen's $d = 2.40$），这说明本书对创新榜样相似性的操纵是成功的。接着进行团队地位晋升标准的操纵性检验。结果显示，绝对标准组和相对标准组的团队地位晋升标准得分存在显著性差异（$F[1, 198] = 207.17$，$p < 0.001$，$\eta^2 = 0.51$），绝对标准组（$M = 5.74$，$SD = 1.34$）在团队地位晋升标准上的得分显著高于相对标准组（$M = 2.73$，$SD = 1.61$，$t(198) = 14.39$，$p < 0.05$，Cohen's $d = 2.03$），这说明本书对团队地位晋升标准的操纵也是成功的。

表4－7　　　　　　　　　　正式实验的各变量均值和标准差

变量	创新榜样相似性				团队地位晋升标准			
	相似组		不相似组		绝对标准组		相对标准组	
	平均值（M）	标准差（SD）	平均值（M）	标准差（SD）	平均值（M）	标准差（SD）	平均值（M）	标准差（SD）
创新榜样相似性	5.81	0.45	3.62	1.21	4.79	1.32	4.64	1.54
团队地位晋升标准	4.19	2.24	4.28	1.98	5.74	1.34	2.73	1.61
创新自我效能	5.79	0.64	5.26	0.88	5.55	0.89	5.49	0.72
创新认同威胁	4.97	0.93	4.74	0.80	4.75	0.81	4.97	0.92
创新过程投入	5.48	0.81	5.11	0.84	5.20	0.90	5.39	0.78
突破性创造力	3.26	1.95	3.16	1.95	3.26	1.96	3.16	1.95
渐进性创造力	3.44	1.83	3.49	1.73	3.53	1.72	3.40	1.84

注：n（被试数）＝100。

随后，本书使用 Mplus 8.3 软件构建了一个被调节的中介模型来进行路径分析，以检验研究假设。对于自变量创新榜样相似性，本书构造了一个虚拟变量，相似组设为1，不相似组设为0。对于调节变量团队地位晋升标准，本书也构造了一个虚拟变量，绝对标准组设为1，相对标准组设为0。表4－8为本书整体模型的路径分析结果，表4－9为中介效应和被调节的中介效应检验结果。结果显示，创新榜样相似性与创新自我效能显著正相关（$B=0.32$，$p<0.001$），这为假设1再次提供了支持。创新自我效能进而与创新过程投入显著正相关（$B=0.41$，$p<0.001$），假设2也得到了支持。创新过程投入进而与突破性创造力（$B=0.28$，$p<0.01$）和渐进性创造力（$B=0.19$，$p<0.05$）均显著正相关，而且创新过程投入与突破性创造力之间的正向关系显著强于其与渐进性创造力之间的正向关系（$B=0.08$，$p<0.05$），假设3a、假设3b和假设3c由此再次得到支持。然而，路径分析结果显示，创新榜样相似性与创新认同威胁之间的关系不显著（$B=0.10$，$p>0.05$），假设5由此未得到支持。此外，创新认同威胁与创新过程投入呈显著负相关关系（$B=-0.20$，$p<0.01$），假设6再次得到支持。

表4-8　正式实验的路径分析结果

变量	中介变量						结果变量			
	创新自我效能		创新认同威胁		创新过程投入		突破性创造力		渐进性创造力	
	估计值	标准误	估计值	标准误	估计值	标准误	估计值	标准误	估计值	标准误
性别	0.09	0.13	-0.18	0.14	0.10	0.13	-0.25	0.15	-0.23	0.15
年龄	0.01	0.01	0.01	0.01	0.01	0.01	0.01	0.01	-0.001	0.01
教育程度	0.09	0.09	-0.06	0.10	-0.11	0.10	0.05	0.09	0.06	0.09
创新榜样相似性	0.32***	0.06	0.10	0.07	0.11	0.06	-0.03	0.07	-0.06	0.08
创新自我效能					0.41***	0.07	-0.10	0.08	-0.03	0.08
创新认同威胁					-0.20**	0.07	0.05	0.08	0.04	0.08
创新过程投入							0.28**	0.08	0.19*	0.09
团队地位晋升标准	0.03	0.06	-0.14*	0.07						
创新榜样相似性×团队地位晋升标准	0.35***	0.06	-0.22**	0.07						

注：n（被试数）=200；创新榜样相似性和团队地位晋升标准为虚拟变量；* $p<0.05$，** $p<0.01$，*** $p<0.001$。

表4-9　　　　正式实验的中介效应和被调节的中介效应检验结果

效应	路径	团队地位晋升标准	效应值	95% 置信区间
中介效应	PDS→CSE→CPE→RC	—	0.04	[0.014, 0.073]
	PDS→CSE→CPE→IC	—	0.03	[0.004, 0.061]
	PDS→CIT→CPE→RC	—	-0.01	[-0.020, 0.001]
	PDS→CIT→CPE→IC	—	-0.004	[-0.016, 0.000]
被调节的中介效应	PDS→CSE→CPE→RC	绝对标准	0.08	[0.032, 0.141]
		相对标准	-0.003	[-0.025, 0.019]
		差值	0.08	[0.033, 0.151]
	PDS→CSE→CPE→IC	绝对标准	0.05	[0.009, 0.120]
		相对标准	-0.002	[-0.021, 0.013]
		差值	0.06	[0.010, 0.129]
	PDS→CIT→CPE→RC	绝对标准	0.01	[-0.001, 0.026]
		相对标准	-0.02	[-0.048, -0.005]
		差值	0.03	[0.007, 0.067]
	PDS→CIT→CPE→IC	绝对标准	0.01	[-0.001, 0.021]
		相对标准	-0.01	[-0.038, -0.003]
		差值	0.02	[0.003, 0.053]

注：n（被试数）=200；PDS 为创新榜样相似性，CSE 为创新自我效能，CIT 为创新认同威胁，CPE 为创新过程投入，RC 为突破性创造力，IC 为渐进性创造力。

接着，为了检验创新自我效能、创新认同威胁和创新过程投入的链式中介效应，本书采用拔靴法（bootstrapping）进行20000次重复抽样来生成95%置信区间。结果显示，创新榜样相似性通过创新自我效能和创新过程投入对突破性创造力（$B=0.04$，95% CI = [0.014, 0.073]）和渐进性创造力（$B=0.03$，95% CI = [0.004, 0.061]）均有显著的正向间接影响效应，假设4a和假设4b均得到支持。而且，结果还显示，相较于渐进性创造力，创新榜样相似性通过创新自我效能和创新过程投入对突破性创造力的正向间接影响效应更强（$B=0.01$，95% CI = [0.003, 0.023]），假设4c由此得到支持。

　　然而，由于创新榜样相似性与创新认同威胁之间的关系不显著，创新榜样相似性通过创新认同威胁和创新过程投入与突破性创造力（$B = -0.01$，95% CI $= [-0.020, 0.001]$）和渐进性创造力（$B = -0.004$，95% CI $= [-0.016, 0.000]$）之间的间接关系也均不显著，假设7a和假设7b未得到支持。而且，结果还显示，创新榜样相似性通过创新认同威胁和创新过程投入对突破性创造力和渐进性创造力的间接影响效应没有显著差异（$B = -0.002$，95% CI $= [-0.008, 0.000]$），假设7c未得到支持。

　　最后，对团队地位晋升标准的调节效应进行检验。路径分析结果显示，创新榜样相似性与团队地位晋升标准的交互项与创新自我效能显著正相关（$B = 0.35$，$p < 0.001$）。为了更直观地反映团队地位晋升标准的调节效应，本书绘制了团队地位晋升标准对创新榜样相似性与创新自我效能间关系的调节作用图。从图4-3可以看出，对于绝对标准组，创新榜样相似性与创新自我效能显著正相关（$B = 0.67$，$p < 0.001$），而对于相对标准组，创新榜样相似性与创新自我效能之间的关系不显著（$B = -0.03$，$p > 0.05$），且两组的差异在统计上显著（$B = 0.70$，$p < 0.001$），假设8得到支持。

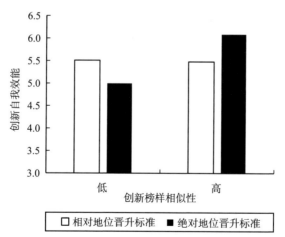

图4-3　正式实验中团队地位晋升标准的调节效应（一）

另外，团队地位晋升标准显著性调节创新榜样相似性通过创新自我效能和创新过程投入与突破性创造力之间的间接关系（$B = 0.08$，$95\% \text{ CI} = [0.033, 0.151]$），具体而言，对于绝对标准组，创新榜样相似性通过创新自我效能和创新过程投入与突破性创造力之间的间接关系显著为正（$B = 0.08$，$95\% \text{ CI} = [0.032, 0.141]$），而对于相对标准组，创新榜样相似性通过创新自我效能和创新过程投入与突破性创造力之间的间接关系不显著（$B = -0.003$，$95\% \text{ CI} = [-0.025, 0.019]$），假设 9a 得到支持。而且，团队地位晋升标准还显著性调节创新榜样相似性通过创新自我效能和创新过程投入与渐进性创造力之间的间接关系（$B = 0.06$，$95\% \text{ CI} = [0.010, 0.129]$），具体而言，对于绝对标准组，创新榜样相似性通过创新自我效能和创新过程投入与渐进性创造力之间的间接关系显著为正（$B = 0.05$，$95\% \text{ CI} = [0.009, 0.120]$），而对于相对标准组，创新榜样相似性通过创新自我效能和创新过程投入与渐进性创造力之间的间接关系不显著（$B = -0.002$，$95\% \text{ CI} = [-0.021, 0.013]$），假设 9b 得到支持。

路径分析结果还显示，团队地位晋升标准与创新榜样相似性的交互项与创新认同威胁显著负相关（$B = -0.22$，$p < 0.01$）。为了更直观地反映团队地位晋升标准的调节效应，本书绘制了团队地位晋升标准对创新榜样相似性与创新认同威胁间关系的调节作用图。从图 4-4 可以看出，对于绝对标准组，创新榜样相似性与创新认同威胁之间没有显著关系（$B = -0.13$，$p > 0.05$），而对于相对标准组，创新榜样相似性与创新认同威胁显著正相关（$B = 0.32$，$p < 0.01$），且两组的差异在统计上显著（$B = -0.45$，$p < 0.01$），假设 10 得到支持。

另外，团队地位晋升标准显著性调节创新榜样相似性通过创新认同威胁和创新过程投入与突破性创造力之间的间接关系（$B = 0.03$，$95\% \text{ CI} = [0.007, 0.067]$），具体而言，对于绝对标准组，创新榜样相似性通过创新认同威胁和创新过程投入与突破性创造力之间的间接关系不显著（$B = 0.01$，$95\% \text{ CI} = [-0.001, 0.026]$），而对于相对标准组，创新榜样相似性通过创新认同威胁和创新过程投入与突破性创造力之间的间接关系显著为负（$B = -0.02$，

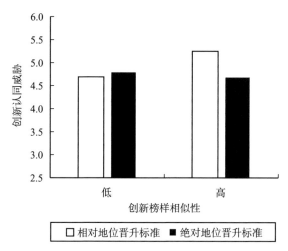

图 4 - 4 正式实验中团队地位晋升标准的调节效应（二）

95% CI = [-0.048, -0.005]），假设 11a 得到支持。而且，团队地位晋升标准还显著性调节创新榜样相似性通过创新认同威胁和创新过程投入与渐进性创造力之间的间接关系（ B = 0.02, 95% CI = [0.003, 0.053]），具体而言，对于绝对标准组，创新榜样相似性通过创新认同威胁和创新过程投入与渐进性创造力之间的间接关系不显著（ B = 0.01, 95% CI = [-0.001, 0.021]），而对于相对标准组，创新榜样相似性通过创新认同威胁和创新过程投入与渐进性创造力之间的间接关系显著为负（ B = -0.01, 95% CI = [-0.038, -0.003]），假设 11b 得到支持。

（五）补充分析

为了检验研究结果的稳健性，本书还进行了补充分析。由于所有的控制变量与创新自我效能、创新认同威胁、创新过程投入、突破性创造力或渐进性创造力均没有显著关系，本书将所有控制变量去除后对模型进行了重新检验。数据分析结果显示，创新榜样相似性与创新自我效能仍然显著正相关（ B = 0.33, p < 0.001），创新自我效能进而与创新过程投入显著正相关（ B = 0.41, p < 0.001）。另外，创新榜样相似性与创新认同威胁之间的关系仍然不

显著（$B = 0.11$，$p > 0.05$），创新认同威胁则与创新过程投入显著负相关（$B = -0.20$，$p < 0.01$）。创新过程投入仍然与突破性创造力（$B = 0.27$，$p < 0.01$）和渐进性创造力（$B = 0.18$，$p < 0.05$）均显著正相关，而且创新过程投入与突破性创造力之间的正向关系显著强于其与渐进性创造力之间的正向关系（$B = 0.09$，$p < 0.05$）。

此外，创新榜样相似性通过创新自我效能和创新过程投入对突破性创造力（$B = 0.04$，95% CI = [0.014，0.072]）和渐进性创造力（$B = 0.03$，95% CI = [0.003，0.060]）仍有显著的正向间接影响效应。而且，相较于渐进性创造力，创新榜样相似性通过创新自我效能和创新过程投入对突破性创造力的正向间接影响效应更强（$B = 0.01$，95% CI = [0.003，0.024]）。另外，创新榜样相似性通过创新认同威胁和创新过程投入与突破性创造力（$B = -0.01$，95% CI = [-0.020，0.000]）和渐进性创造力（$B = -0.004$，95% CI = [-0.016，0.000]）之间的间接关系依然不显著。而且，创新榜样相似性通过创新认同威胁和创新过程投入对突破性创造力和渐进性创造力的间接影响效应没有显著差异（$B = -0.002$，95% CI = [-0.008，0.000]）。

另外，团队地位晋升标准仍然显著正向调节创新榜样相似性与创新自我效能之间的正向关系（$B = 0.35$，$p < 0.001$），并负向调节创新榜样相似性与创新认同威胁之间的关系（$B = -0.20$，$p < 0.01$）。而且，团队地位晋升标准对于创新榜样相似性通过创新自我效能和创新过程投入与突破性创造力（$B = 0.08$，95% CI = [0.032，0.149]）和渐进性创造力（$B = 0.05$，95% CI = [0.007，0.124]）之间的间接关系有显著的调节作用。同样地，团队地位晋升标准对于创新榜样相似性通过创新认同威胁和创新过程投入与突破性创造力（$B = 0.02$，95% CI = [0.006，0.060]）和渐进性创造力（$B = 0.02$，95% CI = [0.002，0.047]）之间的间接关系也有显著的调节作用。以上结果说明本书的结论具有较高的稳健性。

三、结果讨论

通过开展一个预实验和一个正式的情景实验，本书对整体研究模型再次进行了检验。与问卷调查研究所得出的结论一致的是，本书实验研究也发现创新自我效能和创新认同威胁分别与创新过程投入呈正向和负向关系，创新过程投入进而与突破性创造力和渐进性创造力均有显著正向关系，而且创新过程投入对突破性创造力的正向影响效应显著强于对渐进性创造力的正向影响效应。此外，本书再次证实了团队地位晋升标准会正向调节创新榜样相似性与创新自我效能之间的关系，而且会正向调节创新榜样相似性通过创新自我效能和创新过程投入与个体突破性创造力和渐进性创造力的正向关系。另外，团队地位晋升标准还会负向调节创新榜样相似性与创新认同威胁之间的关系，而且负向调节创新榜样相似性通过创新认同威胁和创新过程投入与个体突破性创造力和渐进性创造力的负向关系。本书实验研究因此对问卷调查研究所得出的结论提供了再次验证，而且还可为研究模型中变量间的因果关系提供支持，从而弥补问卷调查研究的不足。

此外，本书实验研究与问卷调查研究所得出的结论也存在少量不一致之处。具体而言，问卷调查研究发现创新榜样相似性与创新自我效能和创新认同威胁之间均不存在显著关系，且未能支持有关创新榜样相似性分别通过创新自我效能和创新认同威胁对创新过程投入以及最终突破性创造力和渐进性创造力的间接影响效应的假设。但是，在预实验中，本书对创新榜样相似性分别与创新自我效能和创新认同威胁之间的正向和负向关系均进行了验证，并且发现，一方面，创新榜样相似性会通过创新自我效能和创新过程投入对突破性创造力和渐进性创造力产生正向作用，另一方面，创新榜样相似性还会通过创新认同威胁和创新过程投入对突破性创造力和渐进性创造力产生负向作用。而且，预实验研究结果还表明，相较于渐进性创造力，创新榜样相似性分别通过创新自我效能和创新认同威胁对创新过程投入及最终突破性创造力有更强的间接影响效应。在正式实验中，本书再次验证了创新榜样相似性与创新自我效能之间的正向显著关系，以及通过创新自我效能和创新过程投入对突破性创造力和渐进性创造力的间接影响效应。然而，在正式实验中，创新榜样相似性与创新认同威胁之间的关系再次未能得到验证。由此，创新榜样相似性通过创新认同威胁和创新过程投入对个体突破性创造力和渐进性创造力的间接影响效应也未得到支持。这些研究结果表明，创新榜样相似性与创新自我效能和创新认同威胁之间的关系可能均存在较高的不稳定性，会随着所处情境条件（如团队地位晋升标准）的变化而发生波动。可见，在考察创新榜样相似性的影响效应时，对所处情境中的相关因素和条件进行考察尤为重要。

第四节　假设检验结果汇总

本书共提出 11 个研究假设，通过开展一个多时点多来源的问卷调查研究和两个情景实验研究来对研究假设进行检验，结果显示大部分假设得到了支持。假设检验的具体结果如表 4 – 10 所示。

表 4 –10　　　　　　　　　　假设检验结果汇总

假设编号	假设内容	问卷调查	预实验	正式实验
1	创新榜样相似性与个体创新自我效能正相关	不支持	支持	支持
2	个体创新自我效能与创新过程投入正相关	支持	支持	支持
3	个体创新过程投入与（a）突破性创造力和（b）渐进性创造力均正相关，（c）且相较于渐进性创造力，创新过程投入与突破性创造力的正向关系更强	支持	支持	支持
4	创新榜样相似性通过创新自我效能和创新过程投入的链式中介作用正向影响个体的（a）突破性创造力和（b）渐进性创造力，（c）且相较于渐进性创造力，创新榜样相似性通过创新自我效能和创新过程投入对突破性创造力的正向间接影响效应更强	不支持	支持	支持

续表

假设编号	假设内容	问卷调查	预实验	正式实验
5	创新榜样相似性与个体创新认同威胁正相关	不支持	支持	不支持
6	个体创新认同威胁与创新过程投入负相关	支持	支持	支持
7	创新榜样相似性通过创新认同威胁和创新过程投入的链式中介作用负向影响个体的（a）突破性创造力和（b）渐进性创造力，（c）且相较于渐进性创造力，创新榜样相似性通过创新认同威胁和创新过程投入对突破性创造力的负向间接影响效应更强	不支持	支持	不支持
8	团队地位晋升标准正向调节创新榜样相似性与个体创新自我效能之间的关系	支持	—	支持
9	团队地位晋升标准正向调节创新榜样相似性通过创新自我效能和创新过程投入与个体（a）突破性创造力和（b）渐进性创造力之间的正向间接关系	支持	—	支持
10	团队地位晋升标准负向调节创新榜样相似性与个体创新认同威胁间的关系	支持	—	支持
11	团队地位晋升标准负向调节创新榜样相似性通过创新认同威胁和创新过程投入与个体（a）突破性创造力和（b）渐进性创造力之间的负向间接关系	支持	—	支持

第五章
创新榜样相似性影响不同类型
创造力的定性研究

第一节　研究目的

在第四章中，通过开展一个针对多个行业和不同企业的多阶段、多来源的问卷调查研究，以及两个情景实验研究，本书对整体研究模型进行了检验，有效建立了研究结论的内外部效度，并帮助检验了研究变量间的因果关系。然而，这两个研究仍然存在一定的局限性。

首先，基于社会认知理论（Bandura，1977，1986），本书强调创新榜样相似性之所以会增强个体的创新自我效能，在于其会增强个体将组织所树立创新榜样视为学习模范并向其进行学习的意愿，从而促使个体在学习创新榜样的过程中构建更强的创新自我效能。另外，基于社会比较理论的自我评价维持模型（Tesser and Campbell，1980；Tesser，1988），本书还提出创新榜样相似性之所以会增强个体的创新认同威胁，在于其会增强个体将组织所树立创新榜样视为参照对象并与其进行社会比较的倾向，从而促使个体在与创新榜样进行向上比较的过程中体验到创新认同威胁。简而言之，结合社会认知理论和社会比较理论的自我评价维持模型，本书认为创新榜样相似性会通过影响个体对组织所树立创新榜样的看法或想法，进而影响个体在创新方面的自我概念（如创新自我效能和创新认同威胁）。然而，第四章的定量研究均未对该机制（即个体对组织所树立创新榜样的看法或想法）进行具体考察。此外，个体对创新榜样相似性的心理和行为反应过程可能是非常复杂的，中间可能存在多个中介链条。由于问卷调查研究和实验研究均属于定量研究，而定量研究模型追求逻辑的抽象与简化，因而容易使对问题的理解停留于有限的变量层面，而难以深入、细致和全面地考察个体的心理和行为反应机制。相比之下，开展定性研究则有助于更细致和全面地刻画个体的心理反应过程，弥补定量研究的不足（Cunningham et al.，2023）。

此外，在对创新榜样相似性进行考察时，问卷调查研究仅参考现有的成熟量表，基于有限的几个特定指标来要求个体对创新榜样相似性进行总体评价，并基于这几个有限评价指标的平均得分来检验创新榜样相似性对个体突破性创造力和渐进性创造力的影响效应和作用机制。虽然这一测量方式在以往研究中得到了广泛的应用和认可（Ng et al.，2016；Tepper et al.，2011；Roth et al.，2022），然而，不同个体对于组织所树立创新榜样与他们的相似性可能会有不同的关注点，而且在决定心理和行为反应时可能会对不同关注点赋予不同的权重。例如，有的个体可能主要关注组织所树立创新榜样与他们在性格方面的相似性，而有的个体则可能更加关注组织所树立创新榜样与他们在工作处理方式上的相似性，并依此决定后续反应。问卷调查研究对于创新榜样相似性的定量测量方式无法保证能够精准和全面地捕捉到不同个体在考虑组织所树立创新榜样与他们的相似性时的具体关注点，以及这些具体关注点对个体心理和行为反应的影响，因而可能使结果产生误解。与此类似，情境实验研究也仅参考以往成熟量表，从有限的几个特定方面来对创新榜样相似性进行操纵，这同样无法保证能够对不同个体在考虑组织所树立创新榜样与他们的相似性时的主要关注点进行精准操纵，也存在使结果产生误解的可能。相较于定量研究的这种测量和实验操纵方式，开展定性研究则可以更加直接和针对性地了解不同个体在考虑创新榜样相似性时所具体关注的不同方面，以及掌握这些具体相似性方面所引发的个体的心理和行为反应。

以往研究强调，结合开展定量研究和定性研究可以实现对现象的更丰富的理解（Edmondson and McManus，2007）。定性研究尤其可以帮助更深入细致地刻画个体的心理反应过程（Hesse-Biber，2010），更加全面地了解现象所发生的情境条件，以及加深对于那些尚未得到很好理解的构念的认识（Gibson，2017），从而对定量研究形成补充。因此，在通过定量研究对理论模型进行检验后，再开展定性研究来对研究问题进行更深入或更全面的探讨已经成为一种被广泛采用的研究模式，相关研究成果已在管理学领域国际顶级期刊得到多次发表（例如：Cunningham et al.，2023；Li et al.，2018；Tang et al.，2021；Zhang et al.，2020）。基于此，考虑到定量研究的局限性，参考以往研究，本书还开展了一项定性研究，目的是更加直接和针对性地了解不同个体在考虑创新榜样相似性时所具体关注的方面，并且对这些相似性影响个体突破性创造力和渐进性创造力的内在过程和情境条件进行更加深入、细致和全面的探讨，以对第四章的定量研究结论进行补充和拓展。

第二节　样本与数据收集过程

本书通过采用访谈法来获得定性研究数据。基于研究者个人社交关系网络，并利用滚雪球抽样技术，本书共招募到 24 位表示周围存在组织所树立创新榜样且愿意参与访谈的企业在职员工作为访谈对象。在完成访谈后，所有受访者均获得 30 元作为报酬。由于本书涉及创造力，所有受访者均为高科技企业中技术研发部门的员工，或者从事设计或创意写作等强调发挥个体创造力的工作的企业在职员工。大部分受访者来自国内不同企业，这些企业主要分布于北京、武汉和长沙等城市。在受访者中，37.5% 为女性，平均年龄为 29.71 岁（标准差为 5.19），平均工作年限为 6.15 年（标准差为 4.87），所有受访者均至少拥有本科学历，其中37.5%的受访者拥有研究生学历。受访者的具体背景信息如表5-1所示。

表5-1　　　　　　　　　　　受访者背景信息

编号	性别	年龄（岁）	最高学历	工作年限（年）	受访时长（分钟）	从事岗位
A	男	32	硕士	4	30	无人驾驶系统决策规划
B	男	34	本科	11	31	通信软件开发
C	男	36	本科	14	40	通信软件开发
D	男	28	本科	5	34	水泥材料研发
E	女	30	本科	7	33	新媒体文案策划
F	男	28	硕士	4	36	环保工艺研发
G	男	29	本科	5	69	通信软件开发
H	男	24	本科	2	31	消防产品研发
I	女	26	硕士	2	71	显示产品工业设计
J	男	42	本科	18	51	机械产品设计
K	女	25	硕士	0.83	35	快消品策划推广
L	男	26	硕士	0.83	41	锂电池研发
M	女	24	本科	2	47	网页设计
N	男	24	本科	1	53	Java后端开发
O	男	33	本科	9	48	水利监测设备开发
P	女	25	硕士	2	52	时尚文案编辑
Q	女	24	本科	2	49	新消费品文案策划
R	女	26	本科	4	49	新媒体创意写作

续表

编号	性别	年龄（岁）	最高学历	工作年限（年）	受访时长（分钟）	从事岗位
S	女	25	本科	3	48	新媒体创意写作
T	男	33	硕士	8	56	通信协议软件开发
U	男	33	硕士	8	35	通信产品嵌入式软件开发
V	男	38	本科	16	61	通信软件开发
W	女	29	本科	7	46	通信设备 UI 设计
X	男	39	博士	12	33	通信软件开发

　　研究者对所有访谈对象开展了半结构化深度访谈。为了确保访谈紧紧围绕"创新榜样相似性如何以及何时影响个体突破性/渐进性创造力"这一主题进行，并且激发有关创新榜样相似性及其影响效应的讨论，研究者提前设计了一个访谈提纲，访谈提纲的具体内容可见本书附录。访谈主要通过两种形式进行，一部分为面对面访谈，对于那些不方便进行面对面访谈的，则采用基于腾讯会议的线上访谈形式。这种线上访谈形式在以往研究中也得到了广泛使用，并被发现同样能够获得较好的访谈效果（Cunningham et al.，2023；Lin et al.，2022）。在访谈开始之前，研究者向所有访谈对象详细介绍了关于组织所树立创新榜样和创造力等概念的定义和内涵，并再次询问访谈对象周围是否存在组织所树立的创新榜样，所有受访者均确认他们所处工作场所中存在一个或多个组织所树立的创新榜样，并应研究者的要求提供了这些同事的具体姓名或者代号。此外，在访谈开始前和结束后，研究者均向受访者强调，本次访谈内容将严格保密，只做学术用途，以减轻受访者的顾虑。所有访谈的持续时间在 30 ~ 71 分钟，平均为45 分钟。在得到受访者的同意后，所有访谈均进行了录音。访谈结束后，研究者立即对访谈录音进行文字转录，本书最终获得约 20 万字的访谈文本资料。此外，在每次访谈结束生成访谈文本资料后，由研究助理对访谈文

本资料进行编码，完成 19 份访谈资料的编码后，在后续 5 位受访者的访谈文本资料中再未发现新的描述或信息，说明信息已经达到饱和，因此结束数据收集工作。

第三节 数据分析

本书采用主题分析法对访谈文本数据进行分析，有关文本资料的编码和分析工作主要借助 Nvivo 12 软件完成。参考以往研究的做法（Chiu et al.，2021；Grant，Dutton and Rosso，2008；Li et al.，2018），首先由 2 位研究助理（均为组织行为与人力资源管理方向的博士研究生）分别对 24 份访谈文本数据独立进行逐词、逐句、逐事件手动编码，将访谈文本分解成最小的意义单元，并形成编码，2 位研究助理编码的内部一致性为 82.1%，说明拥有较高的编码信度（Neuendorf，2017）。随后，研究者与 2 位研究助理就编码中存在歧义的地方进行讨论，最终确定 332 条编码。接着，2 位研究助理分别独立对编码进行归纳和提炼，将意义重叠的编码组合成子主题，并进而将子主题进行聚类，形成主题。最后，研究者与 2 位研究助理一起就所归纳的主题进行反复比对和讨论，并邀请 1 位组织行为与人力资源管理方向的教授参与讨论，直到达成一致意见。参考以往文献（Colquitt et al.，2015；Li et al.，2018），本书保留了出现频次在 3 次及以上的主题用于后续结果讨论。最终，本书共归纳出 33 个子主题，这些子主题归属于 11 个主题，并进而可被纳入创新榜样相似性、对创新榜样的看法、创新方面自我感知和体验、创造性投入、创造力结果和个体对创新榜样相似性反应的其他影响因素等 6 个总体构念。表 5 – 2 展示了主题分析所形成的具体的主题和子主题，以及部分受访者描述的举例。

表5-2 主题分析形成的主题及部分原始资料举例

总体构念	主题	子主题	频次（次）	部分原始资料举例（受访者编号）
创新榜样相似性	创新榜样相似性	性格相似性	14	他是一个那种比较内向，然后不太爱说话的人。性格上，我们是两个完全不同的性格（U）
		兴趣爱好相似性	10	我们现实爱好还是蛮相同的，有时候也会互相分享彼此看到的一些好的东西。例如，她看到了一些别的杂的艺术的东西，或者是我看到的当代的东西，我也会分享给她（P）
		价值观相似性	8	我们价值观看法比较相似，就是来这里工作嘛，我们想的都是把自己的活干好。例如，在这边，有时候有个工作做好，可能会自觉主动加班之类的（A）
		工作态度相似性	7	对工作方面，我们基本都是很认真负责的态度（O）
		工作处理方式相似性	7	我们两个在处理一些数据的方法上，基本是一样的，都是先通过当下的弊端，然后去研究我们当下公司的优势。我们也会用相同的方法论和项目管理的方法（H）
		对事物看法相似性	6	就是对一些事情，比如开会，有一些工程的实现吧，有可能我的认知和没有他深，就可能这些方面会有歧义。就是我会觉得实现这个功能，它可能有点儿繁重，可能在他看来就没有那么的难（V）
对创新榜样的看法	向创新榜样学习	将创新榜样视为学习模范	53	我们组长是我们技术方面的专家，然后中有很多是带着我一起解决技术方面的问题嘛。所以他也是带着我一起解决技术方面的问题，就是能够解决一些技术瓶颈，一些技术难题。所以我就是要做这方面肯定也是比较关注嘛。就是要学习一下他的一些解决问题的方法呀，思路呀，以及他的一些视野开阔情况，作为自己学习的榜样，进行自己的专业能力的提升（A）
	与创新榜样比较	将创新榜样视为参照对象	29	在他取得一些成就之后，我会看他是通过怎么样的努力，跟我到底有什么差别，然后导致我们俩就是明明起点是一个起点，但是却发展有了不一样的两个末端（T）

续表

总体构念	主题	子主题	频次（次）	部分原始资料举例（受访者编号）
创新方面自我感知和体验	创新自我效能	创新自我效能	31	让我去干一些很高级、高技术的活儿，或者是很想出一个别人都看不到的创意，然后能让任何人看了都说好的那种，我自己是知道我做不到。我没有这个能力，我自己是属于那种普通的最基本的那个员工（S）
	创新认同威胁	自我否定创新定义	12	就是你越比较，你就感觉得自己写出来的东西就不行（Q）
		感知他人否定自身创新定义	11	别人可能会觉得他更加具有创造力一些吧，在技术和管理方面会更有榜样性。而我呢，可能不太善于去做一些事情。相比之下的话，在人家眼里，可能会觉得我的创造力和贡献性没有他高（C）
	社会比较情绪	失落	5	在跟他的比较中，发现自己的很多缺点，就会产生一种失落的感觉（T）
		羡慕	5	就是很羡慕人家呀，人家懂得多，人家能得到领导的赏识，我就是也没有说是人家那么好，就嫉妒啥的（N）
		嫉妒	3	那一段时间，很关注人家，就自己很好奇为什么，也是很嫉妒呀，然后自己想不出来。其实这个东西就这么简单，为什么人家能研发这个东西，因为技术你想不到，就是一层"窗户纸"，如果其实你就提这么一层，可能这个东西就很简单。但是你看到人家把这个方案提出来，自己其实就会有一些嫉妒，就这种心态吧（F）
		懊恼	3	就是感觉这个东西，哎呀，好简单，但是为什么我没有想到。因为其实理工的这些东西都是这个样子。你如果人家内部的人，好多东西不是办不到，也不是办不到，你想不到。就是明白了，你想不到，人家就会。但是如果人家把这个东西给你行业的人展示出来，其实它的底层逻辑比较简单的。所以你就是会有一部分的懊恼（F）

续表

总体构念	主题	子主题	频次（次）	部分原始资料举例（受访者编号）
创新方面自我感知和体验	创新动机	创新动力	8	我觉得对我是一种激励吧，就可能让我也会有一种动力去再创新一些，想一些别的点子。确实，我们这个工作就是平平无奇的，是吸引不了大家目光的（K）
		信息搜寻与整合	20	我就是会去接收各种不同的创意吧。无论是在网上看也好，或者是在城市里面看的也好，就是多出去找灵感，看看当下正在发生了什么事情。当然，也要快速地在互联网上获取各种信息。因为我做的人去找灵感，所以取各种兴趣的，以及他们各样不同类型的，不同行业的。然后了解他们最新在感兴趣做的创作，是受了什么样子的灵感，我会去一些东西。也会去跟大家主聊，经历了什么样的创作，就是历程很好，就知道当下的年轻人跟哪样的教育背景沟通做出这个过程还是蛮重要的。当然，除了这一块以外，也会从线上去看。会看他们是怎么去把这件事情落地的（P）
创造性投入	创新过程投入	资源分配	12	可能会让自己在这方面多花费一些精力，对自己整个创新能力都有一定的提升（A）
		工作反思	5	我就会反思，为什么自己这个产品设计和他的理念的不一样，然后这个产品设计出来会导致的后果，产生什么样的后果（B）
		问题识别	3	因为我的软件著作权方向是能够及时地判别他们样品的形状，到一线去不断去检索他们当下切削的一些质量问题。所以我会到工厂，到一线去检索他们当下的形状上的问题，然后能够不断地去识别出来（H）
创造力结果	个体创造力	渐进性创造力	19	把我们的图纸，以及一些其他的模型通通改为了线上版本，减少了纸质版的使用（H）

续表

总体构念	主题	子主题	频次（次）	部分原始资料举例（受访者编号）
创造力结果	个体创造力	突破性创造力	9	例如，我们做了一个带的波形和产品，我之前是点对点的传输，可以传输50公里。那我后来想一下，我是不是可以增加多个点，就是我对这个产品的整个思路，让他传得更远，更多跳。就是对这个点的整个设计理念和用法达到一个新的高度。就是在这个过程中，我们创造出了一个新的东西（B）
	情境影响因素	地位晋升标准	17	像你走的路线不一样的话，你每个人的收益其实也是不一样的。所以说看每个人自己努力吧，不会跟竞争对手有关系……因为那个工程师晋升道路，就像那个姐姐一样，她走的是自己的工程师晋升道路。所以说完全可以说把她当作一个朋友去交流，去学习。（H）
		组织创新激励	11	这是一个从人性和激励的角度来考虑的问题，公司给大家树立了一个榜样，肯定是好的，同时也需要一些外在的激励，需要向外在激励，就是你先树立创新榜样，但是没有外在激励，肯定是不行的（B）
个体对创新榜样相似性反应的其他影响因素	个体影响因素	学习目标导向	10	因为我本身跟他比较相似，价值观也比较相似，我向他学习，向优秀的人学习，向先进的人学习，来弥补我自身的不足。我觉得我们部门应该向优秀的人学习。在进的人学习。向他学习，向他学习是满足的（C）
		绩效趋近目标导向	5	其实我们单位，我都会在一段时间有压力。即使他现在不是写得最好的，就是我觉得我不是最好的了怎么办。我们公司会就会有这种情况。再来一个新人，我就想，哎呀，我不知道他是什么实力，然后又有实力，那万一他的创意特别好，那么以后我都用他的创意怎么办。（Q）

第四节　研究结果

基于对访谈文本资料进行主题分析，本书有几个主要发现，图5–1展示了主题分析的结果。

一、与组织所树立创新榜样的相似性是个体关注的一个重要方面

当研究者询问受访者有在多大程度上关注组织所树立创新榜样与他们的相似性时，3位受访者表示非常关注，9位受访者表示很关注，7位受访者表示比较关注，4位受访者表示有一点关注，1位受访者表示完全没关注过。这说明在面对组织所树立的创新榜样时，与创新榜样的相似性确实是大部分受访者所关注的一个重要方面。此外，虽然不同受访者在对创新榜样相似性的关注程度上存在差异，但是所有受访者均表示与组织所树立创新榜样的相似性确实会影响他们对创新榜样的看法以及后续的行为表现。例如，受访者A强调："相似的才有可参考性，因为如果两个人差别很大的话，这个时候你去向他学习的话，相当于是可能有点跨越了。"受访者C也谈道："我会更愿意去学习和我相同价值观的创新榜样，这价值观相同很重要，价值观相同是我认可他，认可他的创新理念和处世方法。"上述研究发现表明，本书对创新榜样相似性及其影响效应进行探讨是具有现实基础和意义的。

另外，为了更直接和精准地了解个体具体关注组织所树立创新榜样与他们在哪些方面的相似性，研究者在询问受访者所感知的组织所树立创新榜样与他们的相似程度后，进一步追问他们之间的相似或者不相似主要体现在哪些方面。结果表明，受访者主要关注组织所树立创新榜样与他们在六个方面的相似性，这六个方面根据出现频次从高到低排序分别为性格相似性（14次）、兴趣爱好相似性（10次）、价值观相似性（8次）、工作态度相似性（7次）、工作处理方式相似性（7次）和对事物看法相似性（6次）。这一结果

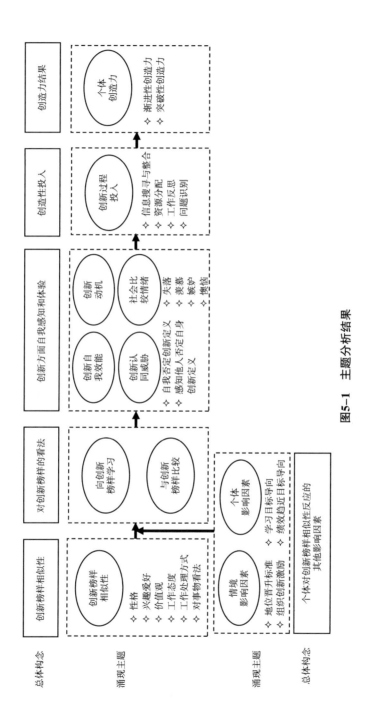

图5-1 主题分析结果

与现有研究在探讨他人相似性时的关注点和测量点是比较一致的，而且也为本书在定量研究中所使用的创新榜样相似性测量量表和实验操纵的有效性提供了支持。本书在问卷调查研究中参考利登等（Liden et al.，1993）所编制的相似性量表主要测量了个体所感知的组织所树立创新榜样与其在看法、观点、价值观、对事物的看法以及问题处理和分析方式等方面的相似性。另外，在实验研究中，本书则借鉴兰卡等（Lankau et al.，2005）的测量工具主要对组织所树立创新榜样与被试在性格、兴趣、价值观、问题解决方式和对公司事物看法等方面的相似性进行了操纵。本书在定量研究中对创新榜样相似性的测量和操纵方式与定性研究所得出的发现有较高的一致性，本定性研究结果可为定量研究所使用方法提供验证和支持，表明本书在定量研究中所使用的针对创新榜样相似性的测量和实验操纵方法具有较高的有效性。而且，通过了解不同个体在实践中所关注的创新榜样相似性的具体方面，本书结论在一定程度上还有助于加深对创新榜样相似性概念内涵和具体内容的认识和理解。

二、创新榜样相似性影响个体对组织所树立创新榜样的看法和反应

为了了解与组织所树立创新榜样的相似性会如何影响个体的看法及反应，研究者向受访者提出询问："某同事（组织所树立的创新榜样）与您（不）相似，这会如何影响您的想法或看法？"从受访者的回答中，主要涌现出了将创新榜样视为学习模范和将创新榜样视为参照对象这两个子主题，并进而可提炼成向创新榜样学习和与创新榜样比较这两个主题。

首先，访谈数据表明，感知组织所树立创新榜样与自身有较高相似性的受访者明显有更高的将创新榜样视为学习模范，并向创新榜样学习的倾向，而感知组织所树立创新榜样与自身有较低相似性的受访者的学习意愿则更低。例如，受访者 A 认为组织所树立创新榜样与其在总体上"很相似"，并表示"要学习一下他的一些解决问题的方法、思路，以及他的一些视野开阔情况，

作为自己学习的榜样，进行自己的专业能力的提升"。而受访者 R 认为组织所树立创新榜样与其"非常不像"，并表示"我不会去模仿她的写作风格，我觉得我们这个行业就不应该模仿，我不喜欢这样子。有的东西你是可以模仿的，但如果做这种的就不太好。因为，这种的你也形成不了自己的风格，好像你什么都可以模仿，最后这不就是一个像机器一样的东西吗，那直接用人工智能就好了呀。"

其次，访谈资料分析结果还显示，感知组织所树立创新榜样与自身有较高相似性的受访者明显有更高的将创新榜样视为参照对象，并与创新榜样进行比较的倾向，例如，受访者 O 认为组织所树立创新榜样与自身有较高相似性，主要体现在"价值观上我觉得都差不多啊。对工作方面，我们基本都是很认真负责的态度"。当被问及这种相似性如何影响了其想法或看法时，受访者 O 表示："我觉得他比较强一点，我觉得他比较厉害一点吧。因为毕竟做那个软件的话，我从来没想过这种东西。就是说他是为了提高工作效率嘛，就是想着懒，而不是懒得想。所以我觉得我还达不到他那个水平，他那个水平我觉得还差了一点。"相比之下，感知组织所树立创新榜样与自身有较低相似性的受访者的比较倾向则更低，如受访者 R 强调："我们不太会互相地去评价，因为大家都觉得自己呈现出来的，就是自己能拿出来的最好水平了。"

三、对组织所树立创新榜样的看法影响个体在创新方面的自我感知和体验

在受访者表达了对与自己（不）相似的组织所树立创新榜样的看法后，研究者进一步追问这种看法如何影响了他们对于自身在创造力方面的认识。从受访者的回答中，主要涌现出了四个主题，根据出现频次从高到低排序分别为创新自我效能（31 次）、创新认同威胁（23 次）、社会比较情绪（16次）和创新动机（8 次）。首先，访谈资料显示，由于从组织所树立的创新榜样那里可以"学习到一些技能""学习一些新的技术""取长补短"，进而"进行自己的专业能力的提升""提高自己的创新能力"，创新榜样相似性在

驱动个体将组织所树立创新榜样视为学习模范并向其学习后，可以进一步增强个体对自身在创造力方面的信心，即增强创新自我效能。例如，当被问到其对组织所树立的创新榜样与自己相似有何看法时，受访者 H 谈道："我会学习她的好的行为规范，就比如说吃苦耐劳、任劳任怨，也不抱怨加班。然后能够提升自己，获得一些国家专利，也能提高自己的工程师水平。"当研究者进一步追问这种想法如何影响了其对自身在创造力方面的认识时，该受访者表示："我感觉还是挺好的，我已经帮助她开发了很多的一级项目、二级项目，对于她的国家专利，我也有一部分的贡献。然后我自己也在申请一些软著，我感觉我自己的创新力也还挺好的。"这一结果与本书在定量研究中所得出的结论一致。在第四章的情景实验研究中，本书验证了创新榜样相似性与个体创新自我效能之间存在显著的正向关系。本定性研究不仅为这一结论再次提供了支持，且发现创新榜样相似性会通过增强个体将创新榜样视为学习模范的倾向，并促使个体在学习创新榜样的过程中提升自身创新技能，进而发展出更高的创新自我效能。在定量研究的基础上，本定性研究更加细致和深入地刻画了创新榜样相似性对个体创新自我效能的影响过程。

其次，创新榜样相似性驱动个体将组织所树立创新榜样视为学习模范后，一方面不仅能够增强个体的创新自我效能，使个体认为自己"能够"提出创造性想法，还可以在另外一方面增强个体的创新动机，使个体"想要"参与创造性活动和提出创造力。例如，受访者 K 说道："我觉得对我是一种激励吧，就可能让我也会有一种动力也去再创新一些，想一些别的点子。确实，我们这个工作就是平平无奇的，是吸引不了大家的目光的。"受访者 A 也提到，其将与自己相似的组织所树立的创新榜样视为学习榜样，这"也是相当于可以增强自己在创造力方面的动力"。

访谈资料还显示，创新榜样相似性在驱动个体将创新榜样视为参照对象并与其进行比较后，也会促使个体体验到创新认同威胁。一方面，和与自己相似的创新榜样进行比较时，这种向上社会比较会促使个体对自身的创新认同产生自我质疑和否定，从而威胁创新认同。例如，受访者 Q 反映："就是你越比较，你就越觉得自己写出来的东西就不行。"另一方面，和与自己相似的创新榜样进行向上比较也会促使个体预期到他人对自身创新认同的否定和质疑，这同样也会对个体的创新认同造成威胁。例如，受访者 C 谈道："别人可能会觉得他更加具有创造力一些吧，在技术和管理方面会更具有榜样性。而我呢，可能不太善于去做一些事情。相比之下的话，在人家眼里，可能会觉得我的创造力和贡献性没有他高。"这一结果与本书在定量研究中所发现的创新榜样相似性与个体创新认同威胁之间存在显著正向关系的结论一致。本定性研究不仅为定量研究的结论再次提供了支持，且发现创新榜样相似性会通过增强个体将组织所树立创新榜样视为参照对象的倾向，并促使个体在与创新榜样进行比较的过程中体验到创新认同威胁。在定量研究的基础上，本定性研究更加细致和深入地刻画了创新榜样相似性对个体创新认同威胁的影响过程。

此外，在和与自己相似的创新榜样进行比较后，个体还会产生情绪上的反应。具体而言，本书发现，个体主要会体验到失落（5 次）、羡慕（5 次）、嫉妒（3 次）和懊恼（3 次）等情绪。例如，受访者 N 说道："就是很羡慕人家呀，人家懂得多，人家能得到领导的赏识，我也没有嫉妒人家那么好，就还是觉得自己还是不足嘛。"受访者 F 则表示，在和与自己相似的创新榜样进行比较后，其对创新榜样产生了嫉妒情绪。另外，受访者 F 还提到，在和与自己相似的组织所树立创新榜样进行比较后，其还感受到了懊恼。

四、个体在创新方面的自我感知和体验影响后续创新过程投入

在受访者描述了对于自身在创造力方面的感知或体验后，研究者进一步追问这种感知或体验如何影响了他们后续在创造性活动中的投入。受访者的回答可提炼出四个子主题，分别为信息搜寻与整合（20 次）、资源分配（12次）、工作反思（5 次）和问题识别（3 次），这四个子主题分别反映了个体在创造性过程或活动中进行的不同方面的投入，可整合为创新过程投入这一总的主题。信息搜寻与整合主要指搜索工作相关的知识和信息，或对信息进行整合等相关的活动，例如，受访者的表述主要表现为"浏览行业网站"

"文献调研""收集竞品的信息""在 bilibili 网站上看一看那些教学的视频""接受一些新的知识"等。资源分配主要反映个体在创造性过程或活动中所进行的认知资源的投入,受访者的典型表述如"在这方面多花一些精力""多投入一点精力""有更多的时间来做这个""按精力百分比来说的话,我觉得原来投入可能是 30%,现在能投入到 50%"等。

工作反思主要表现为个体对工作过程、方法或结果等进行反思,以及思考工作中存在的问题和解决方案等。例如,受访者 B 谈道:"我就会反思,为什么自己这个产品设计和他的理念不一样,然后这个产品设计出来会导致的后果,产生什么样的影响。"最后,问题识别则主要表现为个体不断地去挖掘、识别、理解和思考工作中存在的问题。例如,受访者 H 谈道:"因为我的软件著作权方向是能够及时地判别他们样品的形状,还有样品的一些质量问题。所以我会到工厂,到一线去不断地拍照,然后不断去检索他们当下切割的一些形状,一些样品的质量,还有一些样品的形状上的问题,然后能够不断地去识别出来。"受访者 J 也表示,其在创造性相关活动中的投入主要体现在"对客户需求的挖掘,然后对我们现在产品使用上的,怎么去解决客户的痛点,去做更多更深入的了解,更多地发掘这一方面的工作。"

访谈资料显示,个体在上述四个子主题所体现的行为表现上的投入程度会受到其在创新方面的自我感知和体验的影响。具体而言,较高的创新自我效能或创新动机会驱动个体在创新过程中进行更多的投入,而较低的创新自我效能或创新动机则会减少个体的创新过程投入。例如,受访者 H 认为"自己的创新力还挺好的。"当研究者继续追问这会如何影响其后续在创造性活动中的投入时,其表示:"我会不断地、更多地去努力吧。"具体的努力方面则主要包括"学习了新的软件的使用,学习了一些新的技术"以及前文所提到的问题识别等。受访者 I 则表示:"主观上我对自己的创造力确实没信心,有时候我真觉得好像自己不太适合做这个,反正就是对自己的信心就几乎可以说没有了吧。"当被追问这如何影响了其后续在创造性活动中的投入时,其谈道:"就可能是想就真的啥也不管了,就是那个爱怎么着就怎么着吧,我就得过且过。"另外,如前文所述,受访者 K 将与自己相似的组织所树立的创新榜样视为学习模范，并因此产生了较高的创新动机，其表示这会驱动其在创造性活动中的投入。受访者 K 谈道："因为我们部门本来就专门有一个负责的人去收集竞品的一些活动信息和方案，所以一方面是会跟着大家去学，另一方面是自己平时也会搜一些信息，了解竞争者他们到底最近在干些什么。"

此外，体验到较高创新认同威胁的个体则倾向于进行更少的创新过程投入。例如，受访者 Q 在和与自己有较高相似性的创新榜样进行比较后，对自身创新定义产生了自我质疑和否定，当被问及这种感受如何影响了其后续在创造性相关活动中的投入时，其回答道："在这方面的投入越来越少了吧，就越来越占据了更少的比例。我现在也算是偷懒了吧，就是我把我的工作完成了就可以，我现在也拿不出那么多的时间和精力来。"另外，访谈结果还显示，当个体和与自己相似的创新榜样进行比较从而体验到嫉妒、懊恼、羡慕和失落等情绪后，这种情绪体验会驱动个体后续的创新过程投入。例如，受访者 F 在和与自己相似的创新榜样进行社会比较后，体验到较强烈的嫉妒和懊恼情绪，其表示这种情绪体验会驱动他在后续的创新过程中进行更多投入。受访者 F 说道："其实会让我觉着应该更努力去证明自己吧，你应该是知耻而后勇，就在这个事之后，应该自己去更多地来做这个事。肯定要通过自己的努力，这个东西，嫉妒只能使你红了眼，但是改变不了现状嘛。如果要改变现状，只能改变自己。"

五、创新过程投入影响创造力结果

在受访者描述了自身在创造力方面的投入程度和具体内容后，研究者进一步追问这种投入如何影响了他们的创造力结果。受访者均表示，创新过程投入和创造力结果之间存在正相关的关系。例如，受访者 A 谈道："肯定对自己的创造力有一个正向的作用，就是可能会让自己在这方面多花一些精力，就是扩展一下知识，对自己整个创新能力都有一定的提升。"受访者 B 也说道："对于结果，我觉得会促使我在产品的设计和思考方面更加完善，改进了我现在一些工作的思路和方法。"另外，从受访者的回答中，涌现出了渐进性创造力和突破性创造力这两个子主题。访谈文本数据显示，更高的创新过程投入均可提高个体产生渐进性创造力和突破性创造力的可能性。例如，在创造性相关工作和过程中进行投入后，渐进性创造力方面，受访者 H 谈道："把我们的图纸，以及一些其他的模型通通改为了线上版本，减少了纸质版的使用"。突破性创造力方面，受访者 H 表示："自己做了一个程序，能够在后续的使用当中，让一线工人大幅度减少识别判断的时间，然后能够通过这个软件及时地去人工智能地识别出来。"另外，受访者 B 也谈道："我们做了一个窄带的波形和产品，我之前是点对点的传输，可以传输 50 公里。那我后来想一下，我是不是可以增加多个点，就是我可以打破之前产品的思路，让他传得更远，更多跳。就是对这个产品的整个设计理念和用法达到一个新的高度。就是在这个过程中，我们创造出了一个新的东西。"

六、个体对创新榜样相似性反应的其他影响因素

访谈结果显示，个体对创新榜样相似性的反应还会受到其他因素的影响。从受访者的回答中，主要涌现出了四个子主题，根据出现频次从高到低排序分别为地位晋升标准（17 次）、组织创新激励（11 次）、个人学习目标导向（10 次）和绩效趋近目标导向（5 次）。进一步提炼后，地位晋升标准和组织创新激励可归为组织相关影响因素这一主题，个人学习目标导向和绩效趋近目标导向可归为个体相关影响因素这一主题。

首先，与第四章的问卷调查研究和定量研究所得出的结论一致，在定性研究中，本书也发现团队所采用的地位晋升标准会影响创新榜样相似性所引发的个体的反应。具体而言，地位晋升标准主要反映了组织在决定员工正式地位晋升时所遵循的标准，可分为绝对标准和相对标准这两个典型类型。访谈数据显示，不同的团队在决定员工地位晋升时会对这两种标准有不同程度的偏好。当团队采用更偏向于绝对标准的制度来决定地位晋升时，创新榜样相似性更有可能驱动员工将组织所树立的创新榜样视为学习模范并向其学习。

例如，受访者 H 谈道："因为每一个人，就像那个姐姐一样，她走的是工程师的晋升道路，走的是她自己的工程师晋升道路，她跟我的是没有任何一丝一毫的竞争的。所以说完全可以把她当作一个朋友去学习、去交流。"相反，当团队采用更偏向于绝对标准的制度来决定地位晋升时，创新榜样相似性所可能引发的员工与组织所树立创新榜样进行比较的倾向会更低。例如，受访者 K 说道："我没有专门去和他们进行比较，因为我们这个部门，我感觉我们不是很存在那种竞争的关系。因为其实说实话，我们提拔的话，因为是国有企业，他很看你待在这里的年限。一方面是看年限、是看学历，基本上就是按这两点去提拔的。另一方面是工作能力，但是工作能力，其实说句实话，大家也大差不差吧。所以就是不管谁的想法好一些，谁的方案好一些，他拉不开太大的差距，因为基本上做的事情都是那些事情。"

其次，组织是否提供相应的创新激励也会影响创新榜样相似性所引发的个体向创新榜样进行学习的意愿。例如，受访者 B 说道："我觉得这是一个从人性和激励的角度来考虑的问题，公司给大家树立了一个榜样，肯定是好的，需要向榜样学习。但同时也需要一些外在的动力，就是你光树立创新榜样，但是没有外在激励，肯定是不行的。"

此外，个体自身的目标导向也会影响其对创新榜样相似性的反应。学习目标导向反映了个体对于学习知识和掌握技能，以及进行自我提升的内在驱动力。对于持有较高学习目标导向的个体，创新榜样相似性会使其产生更高的对组织所树立创新榜样进行学习的意愿。例如，当被问及在思考是否要效仿与其相似或不相似的组织所树立的创新榜样时，其还考虑了哪些因素，受访者 C 谈道："因为我本身跟他比较相似，价值观也比较相似，我向他学习本身基于内驱力。我觉得我自己就应该向优秀的人学习，向先进的人学习，来弥补我自身的不足。我自己精神层面上，向他学习，我自己是满足的。"受访者 K 也表示："我觉得主要的因素就是一种自我激励吧，就觉得有些方面确实对自己不太满意，有些不足。"此外，绩效趋近目标导向则体现了个体对于展现自身能力和超越他人，以及获得有关自身能力的正面评价的追求。对于持有较高绩效目标趋近导向的个体，创新榜样相似性会使其产生更高的与组织所树立创新榜样进行比较的倾向。例如，面对与其有较高相似性的组织所树立的创新榜样，受访者 N 谈道："就是我自己心里会暗地跟他比较，比如说两个人手里都分到工作了，我就会心里进行比较，看看我完成得快，还是他完成得快。我也不知道，就自己会去这么想。可能觉得，我也想证明自己。"

第五节　结果讨论

本章节采用定性研究的方法对创新榜样相似性与个体突破性创造力和渐进性创造力之间的关系进行了深入探讨。基于对 24 位从事研发、设计或创意写作等工作的企业在职员工进行的半结构化深度访谈，本书发现，面对组织所树立的创新榜样时，与创新榜样的相似性确实是个体所关注的一个重要方面。尤其是，个体格外关注组织所树立创新榜样与其在性格、兴趣爱好、价值观、工作态度、工作处理方式和对事物的看法等方面的相似性。另外，本书还发现，创新榜样相似性确实是影响个体对组织所树立创新榜样的看法及后续行为表现的一个重要因素。一方面，创新榜样相似性会增强个体将组织所树立创新榜样视为学习模范并向其学习的意愿，促使个体在这一过程中构建更强的创新自我效能和创新动机；另一方面，创新榜样相似性还会增强个体将组织所树立创新榜样视为参照对象并与其进行社会比较的倾向，促使个体体验到创新认同威胁以及羡慕、嫉妒、懊恼和失落等情绪。创新自我效能、创新认同威胁、创新动机和社会比较情绪等个体在创新方面的自我感知和体验进而会分别对个体的创新过程投入发挥驱动或抑制作用，创新过程投入则最终对突破性创造力和渐进性创造力均有正向作用。此外，本书还发现团队地位晋升标准、组织创新激励、个体学习目标导向和绩效趋近目标导向均是创新榜样相似性对个体创造力影响过程中的重要边界条件。

本定性研究有效支持、补充和拓展了第四章的定量研究所得结论。

（1）本定性研究所得出的结论与定量研究的结论基本一致，均发现：一方面，创新榜样相似性会促使个体构建更强的自我效能，进而增加创新过程投入，并最终展现更高的突破性创造力和渐进性创造力；另一方面，创新榜样相似性也会促使个体体验到更强的创新认同威胁，进而减少创新过程投入，并最终减少突破性创造力和渐进性创造力的产生。而且，团队地位晋升标准在创新榜样相似性发挥上述影响效应的过程中发挥重要的调节作用。本定性研究从而为第四章的定量研究的结论提供了支持。

（2）本定性研究发现，面对组织所树立的创新榜样，个体大多关注创新榜样与他们在性格、兴趣爱好、价值观、工作态度、工作处理方式或对事物的看法等方面的相似性，这与定量研究中对创新榜样相似性的测量和实验操纵方式大体上一致。本定性研究因而可为定量研究中对创新榜样相似性的测量和实验操纵方式的有效性提供支持。而且，通过更直接和针对性地捕捉不同个体在考虑与组织所树立创新榜样的相似性时的具体关注点，以及了解这些关注点对个体后续心理和行为反应，以及最终突破性创造力和渐进性创造力的影响效应，本定性研究还可对定量研究在这方面的局限提供补充。

（3）本定性研究发现创新榜样相似性会通过影响个体对组织所树立创新榜样的看法或反应（例如，将创新榜样视为学习模范，向其学习和将创新榜样视为参照对象，与其进行比较），进而影响个体的创新自我效能和创新认同威胁，并继而增加或者减少个体的创新过程投入，最终对个体突破性创造力和渐进性创造力产生作用。本定性研究更加深入和细致地刻画了创新榜样相似性影响个体突破性创造力和渐进性创造力的过程，从而有效弥补了定量研究在该方面所存在的不足。

（4）通过更全面地考察个体对创新榜样相似性的反应，本定性研究还发现了创新榜样相似性影响个体突破性创造力和渐进性创造力的其他中介机制（例如，创新动机和失落、羡慕、嫉妒和懊恼等社会比较情绪）以及边界因素（例如，组织创新激励、个体学习目标导向和绩效趋近目标导向）。由此，本定性研究还对第四章的定量研究的结论进行了有效拓展，并可为未来研究提供方向。总之，在定量研究的基础上，本书通过开展定性研究，对创新榜样相似性与个体突破性创造力和渐进性创造力之间的关系获得了更加丰富的认识和理解。

第六章

结论与展望

第一节　研究结论

本书总体上可以得出以下研究结论：

第一，创新榜样相似性对个体突破性创造力和渐进性创造力有着积极和消极的"双刃剑"影响效应。一方面，基于社会认知理论，创新榜样相似性能够增强个体向组织所树立创新榜样进行学习的意愿，使个体在学习创新榜样的过程中构建更强的创新自我效能，进而驱动个体进行更多的创新过程投入，最终促进突破性创造力和渐进性创造力的产生；另一方面，基于社会比较理论的自我评价维持模型，创新榜样相似性也会引发个体与组织所树立创新榜样进行社会比较的倾向，使个体在与创新榜样进行向上比较的过程中体验到创新认同威胁，进而减少个体后续的创新过程投入，最终阻碍突破性创造力和渐进性创造力的产生。

第二，个体创新过程投入对突破性创造力和渐进性创造力均有显著的正向作用，而且相较于渐进性创造力，创新过程投入对突破性创造力的正向影响作用更强。这是因为相较于渐进性创造力相关的活动，突破性创造力相关的活动具有更高的复杂度和不确定性，以及更低的熟悉度。因此，相较于渐进性创造力，突破性创造力的产生要求个体在相关活动和过程中投入更多的认知资源，这使得创新过程投入对突破性创造力有更明显和更关键的作用。由于创新过程投入可以分别传递创新榜样相似性通过创新自我效能和创新认同威胁对个体突破性创造力和渐进性创造力的影响效应，相较于渐进性创造力，创新榜样相似性分别通过创新自我效能、创新认同威胁和创新过程投入对突破性创造力所产生的正向和负向间接影响效应均更强。

第三，团队地位晋升标准会对创新榜样相似性对个体突破性创造力和渐进性创造力的积极作用路径和消极作用路径发挥不同的调节作用。本书发现，当团队的地位晋升标准更趋向于绝对型时，创新榜样相似性会激发个体更强烈地向组织所树立创新榜样进行学习的意愿，而减少个体与创新榜样进行社会比较的倾向，从而增强创新榜样相似性通过创新自我效能和创新过程投入对个体突破性创造力和渐进性创造力的积极作用，同时削弱创新榜样相似性通过创新认同威胁和创新过程投入对个体突破性创造力和渐进性创造力的消极作用。而当团队的地位晋升标准更趋向于相对型时，创新榜样相似性会引发个体更强烈的对组织所树立创新榜样的社会比较倾向，而分散个体用于学习创新榜样的注意力，从而强化创新榜样相似性通过创新认同威胁和创新过程投入对个体突破性创造力和渐进性创造力的消极作用，同时减弱创新榜样相似性通过创新自我效能和创新过程投入对个体突破性创造力和渐进性创造力的积极作用。

第二节　理论贡献

通过对创新榜样相似性对个体突破性创造力和渐进性创造力的差异化的"双刃剑"影响效应及其作用机制和边界条件进行探讨，本书对创新榜样、榜样相似性、创新认同威胁和创造力等相关的研究均作出了一定理论贡献。

第一，本书注意到创新榜样相似性会作用于个体对创新榜样的创造性行为效仿和后续表现，并实证验证了与组织所树立创新榜样的相似性对个体突破性创造力和渐进性创造力的"双刃剑"作用，有助于拓展现有的创新榜样的相关理论研究。尽管许多组织都会公开树立创新榜样，并且期望和假设员工会效仿其所树立的创新榜样从而产生更高创造力（Li et al.，2021；Shalley and Perry-Smith，2001），但从结果来看，以往既有研究发现个体确实会效仿创新榜样从而产生更高创造力（Furley and Memmert，2018；Mueller，1978），也有研究发现个体并不会效仿创新榜样从而产生更高创造力（Halpin et al.，1979；Landreneau and Halpin，1978；Zimmerman and Dialessi，1973）。因此，探寻什么因素在影响个体对创新榜样的创造性行为效仿，从而作用于个体创造力成为一个有待解决的重要问题。然而，目前对这一问题投入关注的研究却还十分有限。而且，虽然以往有不少研究提出，榜样相似性会影响个体对榜样的行为效仿和后续表现（Austin and Nauta，2015；Hilmert et al.，2006；Lee and Shapiro，2015；Marx and Ko，2012），但现有的创新榜样相关研究却很少探讨榜样相似性会如何影响个体对创新榜样的创造性行为效仿和后续在创造力方面的表现。本书注意到榜样相似性会影响个体对创新榜样的效仿行为和后续表现，并实证验证了与组织所树立创新榜样的相似性对个体突破性创造力和渐进性创造力存在重要影响效应，研究结论是对以往创新榜样相关研究的有效拓展，为创新榜样相关研究提供了一个新的思路和方向。

第二，通过验证创新榜样相似性对个体突破性创造力和渐进性创造力的"双刃剑"影响效应，本书还可拓展有关榜样相似性影响效应的研究。以往与榜样相似性相关的研究主要聚焦于音乐品位、学业或饮食行为等个体行为表现，并大多强调榜样相似性的正面效应，即单一地认为榜样相似性会驱动个体对榜样的行为效仿和后续表现（Austin and Nauta，2015；Lee and Shapiro，2015），而较少关注榜样相似性所可能存在的潜在负面效应。本书聚焦于工作场所中的创造性行为表现，并同时采用问卷调查法和情境实验法，验证了创新榜样相似性对个体不同类型创造力同时存在积极的和消极的"双刃剑"影响效应。本书的结论一方面验证了以往有关榜样相似性正面影响效应的研究结论，另一方面还对以往研究结论进行了有益拓展，从而有助于更深入、全面和辩证地理解榜样相似性的影响效应。

第三，以社会认知理论和社会比较理论的自我评价维持模型为理论依据，并实证揭示创新榜样相似性对个体突破性创造力和渐进性创造力的"双刃剑"影响效应的内在作用机制，本书为理解创新榜样相似性的多重影响效应提供了丰富的解释视角。首先，虽然以往与榜样相似性相关的研究大多都是基于社会认知理论来对其正面效应进行探讨，但真正基于社会认知理论来对其中的内在作用机制进行具体讨论和实证检验的却不多（Andsager et al.，2006；Hilmert et al.，2006）。本书基于社会认知理论实证考察创新榜样相似性正向影响个体创造力的内在机制，发现与组织所树立创新榜样的相似性会通过驱动个体构建更强的创新自我效能，进而促使个体效仿创新榜样而增加创新过程投入，最终提升个体突破性创造力和渐进性创造力。本书的结论对以往基于社会认知理论探讨榜样相似性正向影响效应的研究提供了有效验证和补充。其次，与以往研究仅单一依据社会认知理论强调榜样相似性的正向效应不同，本书在以往研究的基础上还从社会比较理论的自我评价维持模型这一新的理论视角出发（Tesser and Campbell，1980；Tesser，1988），揭示了创新榜样相似性负向影响个体突破性创造力和渐进性创造力的内在作用机制，也有效弥补了以往研究的不足，为解释创新榜样相似性对个体创造力的影响效应提供了新的视角。通过对社会认知理论和社会比较理论的自我评价维持模型进行整合，并构建一个综合的理论框架来同时考察创新榜样相似性的正向作用路径和负向作用路径，本书较为全面、系统地厘清了创新榜样相似性对个体不同类型创造力的"双刃剑"影响效应的产生机制和过程。

第四，通过考察创新榜样相似性影响效应的边界条件，本书拓展了有关创新榜样相似性影响效应的作用情境的研究。基于社会认知理论和社会比较理论的自我评价维持模型（Bandura，1997；Tesser，1988），本书发现团队地位晋升标准对创新榜样相似性的正向作用路径和负向作用路径会发挥相反的调节效应，即当团队采取更趋向于绝对型的地位晋升标准时，创新榜样相似性对个体突破性创造力和渐进性创造力的正向作用路径会被增强，而其负向作用路径会被减弱。反之，当团队采取更趋向于相对型的地位晋升标准时，创新榜样相似性对个体突破性创造力和渐进性创造力的正向作用路径会被削弱，而其负向作用路径会被增强。考虑到以往研究大多仅停留于探讨榜样相似性对于个体行为效仿和后续表现的直接影响，而较少关注该影响效应所发生的具体情境，本书从团队地位晋升标准这一制度设计的视角出发，实证考察创新榜样相似性影响效应的情境因素，在一定程度上是对以往研究的有益补充和拓展。而且，对情境因素的探讨也有助于更加全面深入地理解创新榜样相似性的影响效应。

第五，本书还拓展和丰富了关于突破性创造力和渐进性创造力的前置因素和驱动机制的研究。首先，虽然已有部分研究注意到突破性创造力和渐进性创造力的分类和差异（Gilson et al.，2012；Mao et al.，2021；潘炎等，2019），并探讨了两者的前因条件，但是这些研究在考虑影响两类创造力的情境条件时主要关注组织或领导等主体相关的因素，而较少关注情境中组织所树立的创新榜样等其他同样与个体有密切联系的主体相关的因素会如何影响两类创造力。因此，通过实证考察创新榜样相似性对个体突破性创造力和渐进性创造力的差异化的"双刃剑"影响效应，以及其中的作用机制和边界条件，本书拓展了有关突破性创造力和渐进性创造力影响因素和生成机制的现有研究。其次，尽管以往研究验证了创新过程投入是个体创造力的重要前置因素，而且还能传递其他因素对个体创造力的影响（Babalola et al.，2021；Huang et al.，2016；Zhang and Bartol，2010），但这些研究大多关注创新过程投入与个体一般创造力的关系，而较少考虑创新过程投入对突破性创造力和渐进性创造力的影响是否存在差异。本书通过实证检验，发现创新过程投入对突破性创造力和渐进性创造力均有正向作用，且相较于渐进性创造力，创新过程投入对突破性创造力的正向作用更强。此外，本书还发现，创新过程投入在创新榜样相似性对个体突破性创造力和渐进性创造力的差异化影响效应中发挥关键的中介作用。本书的结论是对以往未关注创新过程投入对突破性创造力和渐进性创造力差异化影响的研究的有益补充和拓展。

第六，通过探讨创新认同威胁对创新榜样相似性与创新过程投入及最终突破性创造力和渐进性创造力之间关系的中介作用，本书也有助于丰富关于认同威胁的研究。以往研究强调，认同威胁在组织中无处不在，自身认同遭受威胁的体验会对个体行为和绩效有重要影响（Petriglieri，2011）。但是以往研究主要探讨个体的社会认同威胁（例如：Hall et al.，2018；Paustian-Underdahl et al.，2017）以及在专家（Kang and Kim，2020）或者父母（Greenbaum et al.，2022）等个人身份认同方面体验到的威胁，而较少关注个体在创新认同方面所体验到的威胁及其触发因素和影响效应。目前仅戴希曼和贝尔（Deichmann and Baer，2022）注意到了创新认同威胁对于个体创造力产出的阻碍作用，并实证发现个体初次创造性成果的新颖性及获奖情况会产生交互效应，引发个体的创新认同威胁。因此，本书聚焦于创新榜样情境下个体所体验到的创新认同威胁，帮助促进了认同威胁研究在创新研究领域的拓展。此外，通过实证验证创新榜样相似性对个体创新认同威胁的正向作用，以及创新认同威胁进而对个体创新过程投入及最终突破性创造力和渐进性创造力的负向作用，本书还丰富了有关认同威胁，尤其是创新认同威胁的前置因素及影响效应的相关研究。

第三节　管理启示

本书的结论为组织如何更好地通过树立创新榜样来培育员工突破性创造力和渐进性创造力的实践提供了以下管理启示：

第一，若想更好地通过树立创新榜样的举措来培育员工创造力，组织管理者应注意从员工的视角出发，关注员工对其所树立创新榜样的感知，尤其是相似性感知及其后续的潜在影响效应。首先，本书结果表明，个体对组织所树立创新榜样与自身在价值观、观点和问题解决方式等方面的相似程度的感知会影响其对创新榜样的创造性行为效仿，从而作用于个体创造力。这启示组织管理者，若想通过树立创新榜样的举措来培育员工创造力，需格外留意员工对于创新榜样所可能产生的感知（如相似性感知），以及这些感知可能产生的影响作用，并在此基础上采取相应的措施来推动员工效仿组织所树立的创新榜样而更多参与创造性活动和提高创造力。其次，以往研究大多强调榜样相似性对个体行为效仿和后续表现的促进作用（Austin and Nauta，2015；Lee and Shapiro，2015），然而本书发现，与组织所树立创新榜样的相似性除了驱动个体的突破性创造力和渐进性创造力外，同时也会对个体的突破性创造力和渐进性创造力产生负向阻碍作用，即会对个体突破性创造力和渐进性创造力发挥"双刃剑"的影响效应。这说明组织管理者需辩证、全面和系统地来看待创新榜样相似性的影响效应，除了向其他员工强调组织所树立创新榜样与他们的相似性，以充分利用树立创新榜样的创造力驱动效应外，管理者同时还需采取措施来规避创新榜样相似性所可能产生的负面影响效应。

第二，激发员工的创新自我效能和避免员工产生创新认同威胁是发挥创新榜样相似性的正面效应和规避其负面效应的机制和途径。本书发现，创新榜样相似性之所以能够对个体的突破性创造力和渐进性创造力产生正面作用，在于其可以增强个体对组织所树立创新榜样的学习意愿，进而促使个体在学习创新榜样的替代性经验的过程中构建更强的创新自我效能。另外，创新榜样相似性之所以会对个体的突破性创造力和渐进性创造力产生负面作用，在于其同时也会引发个体与组织所树立创新榜样进行社会比较的倾向，进而促使个体在与创新榜样进行向上比较的过程中体验到更强的创新认同威胁。这启示组织管理者，在给员工树立创新榜样，并向员工强调他们与创新榜样的相似之处时，一方面，应同时对员工的创新能力表示肯定和认可，并向员工强调他们向组织所树立创新榜样学习所可能带来的积极结果，以更好地激发员工内心对自身参与创造性活动和获得创造性成果的能力的信念，使创新榜样相似性的正面效应得以发挥。另一方面，组织管理者还尤其要注意避免比较信息的传达，以减少员工与组织所树立创新榜样进行社会比较的倾向。为了尽量降低创新榜样相似性所可能引发的员工的创新认同威胁，组织管理者可以尝试通过为员工提升创造力相关技能或者获取异质性知识提供支持、为员工参与创造性活动提供及时的信息反馈或者营造安全的组织氛围等方式来增加员工对自身展现创新角色认同的预期，以减少员工所可能体验到的创新认同威胁，尽量规避创新榜样相似性对员工突破性创造力和渐进性创造力所可能产生的负面影响效应。

第三，增加员工的创新过程投入可以为员工创造力，尤其是突破性创造力的产生提供基础。本书发现，创新过程投入对于个体创造力，尤其是突破性创造力有着关键的促进作用，并且还是创新榜样相似性驱动个体突破性创造力和渐进性创造力的中介机制。这启示组织管理者，应鼓励员工主动、大胆地参与创造力相关的任务或流程，并为员工参与创造性相关的任务或活动提供必要支持。为此，在日常工作开展过程中，组织管理者可以有意识地培养员工的问题识别能力，引导员工投入更多注意力用于识别和定义工作中可能存在的问题，并在员工遇到困难或存在疑惑时及时提供反馈和帮助，以使员工对工作中存在的问题获得更清晰、准确的认识。此外，组织管理者还可以向员工强调从多种渠道搜索异质性知识用于解决工作问题和完成工作任务的重要性，并为员工的异质性知识搜索提供渠道支撑，为员工的异质性知识利用提供空间。另外，为了使员工能够放心、大胆地探索和提出新颖的想法，尤其是那些打破组织现状，与组织现有流程、产品、方法或框架完全不同的全新想法，组织管理者还需注意营造一个安全的组织氛围，以提高员工产生创造力，尤其是突破性创造力的可能性。

第四，采用更趋向于绝对型的地位晋升标准制度设计更有助于发挥创新榜样相似性对个体突破性创造力和渐进性创造力的正向促进作用，同时削弱其负向阻碍作用。本书发现，团队所采用的地位晋升标准会对创新榜样相似性对个体突破性创造力和渐进性创造力的正向作用路径和负向作用路径发挥相反的调节效应。具体而言，当团队所采用的地位晋升标准更趋向于绝对型时，创新榜样相似性通过创新自我效能和创新过程投入对个体突破性创造力和渐进性创造力的正向作用将更强，而创新榜样相似性通过创新认同威胁和创新过程投入对个体突破性创造力和渐进性创造力的负向作用将更弱。相反，当团队所采用的地位晋升标准更趋向于相对型时，创新榜样相似性通过创新自我效能和创新过程投入对个体突破性创造力和渐进性创造力的正向作用将更弱，而创新榜样相似性通过创新认同威胁和创新过程投入对个体突破性创造力和渐进性创造力的负向作用将更强。这一研究发现为组织管理者进行地位晋升制度设计提供了启示，若想更好地发挥创新榜样相似性对个体突破性创造力和渐进性创造力的驱动作用，同时降低创新榜样相似性对个体突破性创造力和渐进性创造力的阻碍作用，对员工采用更趋向于绝对型的地位晋升标准会更合适。

第四节　研究局限与展望

尽管本书取得了一些重要的研究发现，并作出了一定的理论贡献，但同时也存在一些不足和局限，需在未来研究中进一步探讨。

第一，虽然本书同时采用多阶段多来源的问卷调查法以及实验法来对研究模型进行定量检验，在一定程度上减少了共同方法偏差所可能造成的影响，并同时增强了研究结论的内外部效度，但是本书无法捕捉个体对组织所树立创新榜样的心理及行为反应的动态变化。事实上，随着时间的推移或了解的深入，个体对组织所树立创新榜样相似性的感知可能会发生变化，且创新榜样相似性所引起的个体的反应也可能会改变。未来研究可以尝试开展纵向研究来考察个体对组织所树立创新榜样的感知及反应的长期发展和动态变化。此外，在本书中，因变量突破性创造力和渐进性创造力的测量均由员工的上级或者实验助理进行主观评价。虽然以往研究大多都是采用这种方式来对个体突破性创造力和渐进性创造力进行测量（Madjar et al.，2011；Mao et al.，2021；Wang et al.，2022；Xu et al.，2016），但是上级或者实验助理的主观评价有可能会受到各种情境因素或者个人偏见的影响（Liu et al.，2012）。因此，未来研究可以考虑使用客观的突破性创造力和渐进性创造力评价指标来对本书的结论进行再次检验。

第二，考虑到以往研究强调个体对他人相似性的主观感知会比客观相似性有更强的影响效力（Tepper et al.，2011），本书仅关注了个体对组织所树立创新榜样相似性的主观感知与其突破性创造力和渐进性创造力之间的关系，未来研究可尝试探讨个体与创新榜样的客观相似性是否也会对突破性创造力和渐进性创造力产生同样的或者有差别的影响效应。而且，本书仅探讨了组织所树立创新榜样与个体在性格、价值观、问题处理方式和分析方式等个人深层次特征上的相似性会如何影响个体对创新榜样的心理和行为反应，而未考虑创新榜样与个体在性别、年龄或学历等人口统计学特征上的相似性所可能发挥的影响效应。虽然以往研究强调，相较于人口统计学特征，在深层特征上的相似性对个体的行为有着更为稳定和更为持久的影响效应（Harrison et al.，1998；Huang and Iun，2006；Schaubroeck and Lam，2002；Zheng et al.，2017）。但是不可否认的是，与组织所树立创新榜样在人口统计学特征上的相似性也可能会影响个体对创新榜样的反应，未来研究可以对此进行考察。

第三，本书仅关注了创新榜样相似性对个体创造力的影响，未来研究还可以探索其他可能影响个体对组织所树立创新榜样的行为效仿，从而作用于个体创造力的潜在因素。社会认知理论指出，个体更有可能观察和学习那些有较高吸引力和可靠性的个体（Bandura，1986，1997）。基于这一观点，组织所树立创新榜样的吸引力和可靠性也可能会影响个体对创新榜样的创造性行为效仿，从而影响个体的创造力产出，未来研究可以对此进行深入探索。此外，从观察者视角来看，社会认知理论强调，观察者自身的能力和动机也会在很大程度上决定其观察和学习行为（Bandura，1986）。因此，未来研究还可以考察与个体自身的能力或动机相关的因素是否会影响其对于组织所树立创新榜样的心理反应和行为表现，并最终作用于个体创造力。

第四，通过整合社会认知理论和社会比较理论的自我评价维持模型，本书仅实证考察了创新榜样相似性如何通过创新自我效能和创新认同威胁这两种机制影响个体创新过程投入及最终的突破性创造力和渐进性创造力，未来研究可以探讨创新榜样相似性影响效应的其他产生机制。社会比较理论的情绪视角指出，与他人的社会比较也会决定个体的情绪体验（Buunk and Gibbons，2007；Campbell et al.，2017；Smith，2000）。而情绪体验被广泛发现会对个体创造力产生重要作用（Bledow et al.，2013；Stollberger et al.，2022；Zhu et al.，2023）。本书通过定性研究也发现，创新榜样相似性确实会促使个体体验到羡慕、嫉妒、失落和懊恼等情绪体验，进而对个体的创新过程投入及创造力产生作用。但是，本书未对情绪体验在创新榜样相似性与个体创造力之间的中介作用进行定量检验。未来研究可以结合社会比较理论的情绪视角来对此进行更深入的探讨。另外，本书通过开展定性研究还发现创新动机也是创新榜样相似性影响个体创造力的一个重要机制，未来也可以开展定量研究来对创新动机的中介效应进行细致讨论和检验。

第五，本书探讨了团队地位晋升标准对于创新榜样相似性影响效应的调节作用，未来研究可以考察创新榜样相似性影响效应的其他可能的边界条件。例如，与团队地位晋升标准类似，以往研究发现，团队的动机氛围也会引导个体在自我提升和社会比较等方面投入的注意力（Cerne et al.，2014；Cerne et al.，2017）。其中，在掌握氛围比较浓厚的团队中，个体对知识的掌握和技能的不断提升尤其重视（Nerstad et al.，2013；Solberg et al.，2022；Zhang et al.，2022）。因此，当团队内部有较浓厚的掌握氛围时，面对组织所树立的创新榜样，对创新榜样相似性的感知因而也可能会激发个体更强烈的学习意愿，从而在学习过程中构建更强的创新自我效能，并进而对个体创新过程投入和创造力产生更强的正向作用。而在绩效氛围比较浓厚的团队中，个体对绩效竞争和社会比较尤其关注（He et al.，2023；Nerstad et al.，2013；Roberts，2012）。因此，当团队内部的绩效氛围较强时，创新榜样相似性可能会引发个体更强烈的社会比较倾向，从而使个体在与组织所树立创新榜样进行向上比较的过程中体验到更强的创新认同威胁，并进而对个体创新过程投入和最终的创造力产出产生更强的负向作用。未来研究如果能够结合团队动机氛围来探讨创新榜样相似性影响效应的边界条件，将有助于拓展对于创新榜样相似性影响效应的产生情境的理解。除团队的动机氛围外，本书通过定性研究发现，拥有不同目标导向的个体对创新榜样相似性也会产生不同的反应（Hirst et al.，2011），如拥有较强学习目标导向的个体更加关注自身技能的发展（Wu et al.，2022），因此会对创新榜样相似性产生更多的积极反应，即进行更多的创新过程投入，进而提高创造力产出。而拥有较强绩效目标导向的个体更关注自身绩效评价（De Clercq et al.，2017；Long et al.，2022；Miron-Spektor et al.，2022），因此会增强创新榜样相似性所引发的社会比较倾向，进而增强创新榜样相似性对个体创造力的消极影响路径。另外，本书通过定性研究还发现，组织创新激励也是创新榜样相似性与个体创造力关系的一个重要边界条件，未来研究可以尝试采用定量研究方法来对个体目标导向和组织创新激励在创新榜样相似性与个体创造力关系中所发挥的潜在调节效应进行检验。

定性研究所用访谈提纲

1. 现在很多公司都非常重视员工在工作中提出一些和公司的产品、服务或流程等相关的新想法或新点子，也就是展现创造力。为了鼓励员工展现创造力，许多管理者会在公司、部门或团队内部树立创新榜样。例如，有的公司、部门或团队会在内部进行"创新楷模"、"创新榜样"或者"创新先锋"等荣誉称号的评选，或者有的公司领导会在日常工作中经常提及某些同事具有较高的创造力，并号召大家以他们为创新榜样。请问您周围存在这样的组织所树立的创新榜样吗？具体是谁？

2. 您对组织所树立创新榜样（前述同事）的了解程度如何？

3. 您觉得组织所树立创新榜样（前述同事）与您的相似性如何（1 = 完全不相似，2 = 有一点相似，3 = 比较相似，4 = 很相似，5 = 非常相似）？具体表现在哪些方面？

4. 您之前有在多大程度上关注组织所树立创新榜样（前述同事）与您的相似性（1 = 完全没关注过，2 = 有一点关注，3 = 比较关注，4 = 很关注，5 = 非常关注）？为什么？

5. 组织所树立创新榜样（前述同事）与您（不）相似，这会如何影响您的想法或看法？

6. 这种想法或看法如何影响了您对于自己在创造力方面的认识？

7. 产生这种认识后，您在创造性相关活动中的投入有何变化？请举例说明。

8. 这种投入如何影响了您的创造力结果？请举例说明。

9. 在思考是否要向前述与您（不）相似的创新榜样学习时，您还考虑了其他哪些因素吗？

10. 在思考是否要和前述与您（不）相似的创新榜样进行比较时，您还考虑了其他哪些因素吗？

参考文献

[1] 董念念, 尹奎, 邢璐, 等. 领导每日消极反馈对员工创造力的影响机制 [J]. 心理学报, 2023, 55 (5): 831-843.

[2] 冯明, 胡宇飞. 工作压力源对员工突破性和渐进性创造力的跨层次研究 [J]. 管理学报, 2021, 18 (7): 1012-1021.

[3] 耿紫珍, 赵佳佳, 丁琳. 中庸的智慧: 上级发展性反馈影响员工创造力的机理研究 [J]. 南开管理评论, 2020, 23 (1): 75-86.

[4] 顾远东, 彭纪生. 组织创新氛围对员工创新行为的影响: 创新自我效能感的中介作用 [J]. 南开管理评论, 2010, 13 (1): 30-41.

[5] 郭婧, 苏秦, 张谦. 创造力绩效激励对产品创新中员工创造力的影响 [J]. 科技进步与对策, 2017, 34 (13): 144-152.

[6] 刘小禹, 周爱钦, 刘军. 魅力领导的两面性: 公权与私权领导对下属创造力的影响 [J]. 管理世界, 2018, 34 (2): 112-122, 188.

[7] 刘晔, 曲如杰, 时勘, 等. 领导创新期待对员工根本性创新行为的影响: 创新过程投入的视角 [J]. 南开管理评论, 2016, 19 (6): 17-26.

[8] 刘智强, 邓传军, 廖建桥, 等. 地位竞争动机、地位赋予标准与员工创新行为选择 [J]. 中国工业经济, 2013, 307 (10): 83-95.

[9] 刘智强, 潘晓庆, 卫利华, 等. 集体心理所有权与创造力: 自我决定理论视角 [J]. 管理科学学报, 2021, 24 (11): 98-115.

［10］刘智强，卫利华，周空，等．地位冲突的"双面"特性与团队创新［J］．南开管理评论，2019，22（4）：176－186．

［11］刘智强，严荣笑，唐双双．领导创新期望与员工突破性创新投入：基于悖论理论的研究［J］．管理世界，2021，37（10）：226－241．

［12］罗萍，施俊琦，朱燕妮，等．个性化工作协议对员工主动性职业行为和创造力的影响［J］．心理学报，2020，52（1）：81－92．

［13］马君．奖励能否激励员工创造力：不同成就动机氛围下的匹配研究［J］．系统工程理论与实践，2016，36（4）：945－957．

［14］潘炎，尚玉钒，宋合义．变革型领导与突破性、渐进性创造力关系研究［J］．科技管理研究，2019，39（18）：130－140．

［15］屠兴勇，张怡萍，刘雷洁．创新性过程投入的前因与后果［J］．科研管理，2020，41（2）：133－141．

［16］卫利华，刘智强，廖书迪，等．集体心理所有权、地位晋升标准与团队创造力［J］．心理学报，2019，51（6）：677－687．

［17］魏巍，彭纪生，华斌．资源保存视角下高绩效人力资源系统对员工突破式创造力的双刃剑效应［J］．管理评论，2020，32（8）：215－227．

［18］张莹，张剑，陈春晓．基于"以人为中心"视角的目标内容对员工工作结果的影响研究［J］．管理学报，2020，17（2）：225－233．

［19］张勇，龙立荣，贺伟．绩效薪酬对员工突破性创造力和渐进性创造力的影响［J］．心理学报，2014，46（12）：1880－1896．

［20］张勇，王明旋，龙立荣．目标导向如何影响员工创造力：基于创造力要素理论视角的分类研究［J］．南开管理评论，2022，25（6）：203－215．

［21］赵爽，马君，董北松．光环还是诅咒：领域相关技能何以阻碍创造力？：对 Amabile 经典理论的修正与拓展［J］．南开管理评论，2024，27（2）：73－82．

［22］AKKAN E，GUZMAN F A. When discordant work selves yield workplace creativity：the roles of creative process engagement and relational identification with the supervisor［J］. Journal of Occupational and Organizational Psychology, 2022, 95 (1): 184 –208.

［23］ AMABILE T M. Creativity in context ［M］. Boulder, CO: Westview Press, 1996.

［24］ AMABILE T M. The social psychology of creativity: a componential concep-tualization ［J］. Journal of Personality and Social Psychology, 1983, 45 (2): 357 –376.

［25］ ANDERSON C, KRAUS M W, GALINSKY A D, et al. The local-ladder effect: social status and subjective wellbeing ［J］. Psychological Science, 2012, 23 (7): 764 –771.

［26］ ANDSAGER J L, BEMKER V, CHOI H L, et al. Perceived similarity of exemplar traits and behavior ［J］. Communication Research, 2006, 33 (1): 3 –18.

［27］ AUSTIN M J, NAUTA M M. Entrepreneurial role-model exposure, self-effi-cacy, and women's entrepreneurial intentions ［J］. Journal of Career Devel-opment, 2015, 43 (3): 260 –272.

［28］ BABALOLA M T, KWAN H K, REN S, et al. Being ignored by loved ones: understanding when and why family ostracism inhibits creativity at work ［J］. Journal of Organizational Behavior, 2021, 42 (3): 349 –364.

［29］ BAER M, DANE E, MADRID H P. Zoning out or breaking through? Link-ing daydreaming to creativity in the workplace ［J］. Academy of Management Journal, 2021, 64 (5): 1553 –1577.

［30］ BANDURA A. Human agency in social cognitive theory ［J］. American Psy-chologist, 1989, 44 (9): 1175 –1184.

［31］ BANDURA A. On the functional properties of perceived self-efficacy revisited ［J］. Journal of Management, 2012, 38 (1): 9 –44.

［32］ BANDURA A. Self-efficacy: the exercise of control ［M］. New York: Free-man, 1997.

［33］ BANDURA A. Self-efficacy: toward a unifying theory of behavioral change

[J]. Psychological Review, 1977, 84 (2): 191 –215.

[34] BANDURA A. Social cognitive theory: an agentic perspective [J]. Annual Review of Psychology, 2001, 52: 1 – 26.

[35] BANDURA A. Social foundations of thought and action: a social cognitive theory [M]. Englewood Cliffs, NJ: Prentice-Hall, 1986.

[36] BERG J M, YU A. Getting the picture too late: handoffs and the effective-ness of idea implementation in creative work [J]. Academy of Management Journal, 2021, 64 (4): 1191 –1212.

[37] BLEDOW R, ROSING K, FRESE M. A dynamic perspective on affect and creativity [J]. Academy of Management Journal, 2013, 56 (2): 432 – 450.

[38] BRISLIN R W. The wording and translation of research instruments [M]// LONNER W J, BERRY J W. Field methods in cross-cultural research [M]. Beverly Hills, CA: Sage, 1986: 137 – 164.

[39] BUUNK A P, GIBBONS F X. Social comparison: the end of a theory and the emergence of a field [J]. Organizational Behavior and Human Decision Processes, 2007, 102 (1): 3 –21.

[40] CAMPBELL E M, LIAO H, CHUANG A, et al. Hot shots and cool recep-tion? An expanded view of social consequences for high performers [J]. Journal of Applied Psychology, 2017, 102 (5): 845 –866.

[41] CERNE M, HERNAUS T, DYSVIK A, et al. The role of multilevel syner-gistic interplay among team mastery climate, knowledge hiding, and job characteristics in stimulating innovative work behavior [J]. Human Resource Management Journal, 2017, 27 (2): 281 –299.

[42] CERNE M, HERNAUS T, DYSVIK A, et al. What goes around comes around: knowledge hiding, perceived motivational climate, and creativity [J]. Academy of Management Journal, 2014, 57 (1): 172 –192.

[43] CHENG C, YANG M. Creative process engagement and new product per-

formance: the role of new product development speed and leadership encouragement of creativity [J]. Journal of Business Research, 2019, 99: 215 – 225.

[44] CHEUNG S Y, HUANG E G, CHANG S, et al. Does being mindful make people more creative at work? The role of creative process engagement and perceived leader humility [J]. Organizational Behavior and Human Decision Processes, 2020, 159: 39 – 48.

[45] CHIU C, NAHRGANG J D, BARTRAM A, et al. Leading the team, but feeling dissatisfied: investigating informal leaders' energetic activation and work satisfaction and the supporting role of formal leadership [J]. Journal of Organizational Behavior, 2021, 42 (4): 527 – 550.

[46] COLQUITT J A, LONG D M, RODELL J B, et al. Adding the "in" to justice: a qualitative and quantitative investigation of the differential effects of justice rule adherence and violation [J]. Journal of Applied Psychology, 2015, 100: 278 – 297.

[47] CONNELLY B L, TIHANYI L, CROOK T R, et al. Tournament theory: thirty years of contests and competitions [J]. Journal of Management, 2014, 40 (1): 16 – 47.

[48] CUNNINGHAM J L, SONDAY L, ASHFORD S J. Do I dare? The psycho-dynamics of anticipated image risk, leader-identity endorsement, and leader emergence [J]. Academy of Management Journal, 2023, 66 (2): 374 – 401.

[49] DE CLERCQ D D, RAHMAN Z M, BELAUSTEGUIGOITIA I. Task conflict and employee creativity: the critical roles of learning orientation and goal congruence [J]. Human Resource Management, 2017, 56 (1): 93 – 109.

[50] DEICHMANN D, BAER M. A recipe for success? Sustaining creativity among first-time creative producers [J]. Journal of Applied Psychology,

2023, 108（1）: 100 - 113.

[51] ESMONDSON A C, MAMANUS S E. Methodological fit in management field research [J]. Academy of Management Review, 2007, 32（4）: 1246 - 1264.

[52] FARMER S M, TIERNEY P, KUNG-MCINTYRE K. Employee creativity in Taiwan: an application of role identity theory [J]. Academy of Management Journal, 2003, 46（5）: 618 - 630.

[53] FERRIS G R, JUDGE T A. Personnel/human resources management: a political influence perspective [J]. Journal of Management, 1991, 17（2）: 447 - 488.

[54] FESTINGER L. A theory of social comparison processes [J]. Human Relations, 1954, 7: 117 - 140.

[55] FURLEY P, MEMMERT D. Can creative role models prime creativity in soccer players? [J]. Psychology of Sport and Exercise, 2018, 37: 1 - 9.

[56] GENG Z Z, XIAO M M, TANG H L, et al. Tolerate to innovate: an expectancy-value model on error management culture and radical creativity [J]. Management Decision, 2022, 60（7）: 2042 - 2059.

[57] GHORPADE J, CHEN M M. Creating quality-driven performance appraisal systems [J]. Academy of Management Perspectives, 1995, 9: 32 - 39.

[58] GIBSON C B. Elaboration, generalization, triangulation, and interpretation: on enhancing the value of mixed method research [J]. Organizational Research Methods, 2017, 20（2）: 193 - 223.

[59] GILSON L L, LIM H S, D'INNOCENZO L. One size does not fit all: managing radical and incremental creativity [J]. Journal of Creative Behavior, 2012, 46（3）: 168 - 191.

[60] GILSON L L, MADJAR N. Radical and incremental creativity: antecedents and processes [J]. Psychology of Aesthetics Creativity and the Arts, 2011, 5（1）: 21 - 28.

[61] GIST M E, MITCHELL T R. Self-efficacy: a theoretical analysis of its deter-minants and malleability [J]. Academy of Management Review, 1992, 17 (2): 183 – 211.

[62] GONG Y, KIM T Y, LEE D R, et al. A multilevel model of team goal ori-entation, information exchange, and creativity [J]. Academy of Manage-ment Journal, 2013, 56 (3): 827 – 851.

[63] GONG Y, WU J, SONG L J, et al. Dual tuning in creative processes: joint contributions of intrinsic and extrinsic motivational orientations [J]. Journal of Applied Psychology, 2017, 102 (5): 829 – 844.

[64] GRANT A M, DUTTON J E, ROSSO B D. Giving commitment: employee support programs and the prosocial sensemaking process [J]. Academy of Management Journal, 2008, 51 (5): 898 – 918.

[65] GRAY S M, BUNDERSON J S, VAN DER VEGT G S, et al. Leveraging knowledge diversity in hierarchically differentiated teams: the critical role of hierarchy stability [J]. Academy of Management Journal, 2022, advanced online publication.

[66] GREENBAUM R L, DENG Y L, BUTTS M M, et al. Managing my shame: examining the effects of parental identity threat and emotional stability on work productivity and investment in parenting [J]. Journal of Applied Psy-chology, 2022, 107 (9): 1479 – 1497.

[67] HALL W, SCHMADER T, ADAY A, et al. Climate control: the relation-ship between social identity threat and cues to an identity-safe culture [J]. Journal of Personality and Social Psychology, 2018, 115 (3): 446 – 467.

[68] HALPIN G, HALPIN G, MILLER E, et al. Observer characteristics related to the imitation of a creative model [J]. Journal of Psychology: Interdiscipli-nary and Applied, 1979, 102 (1): 133 – 142.

[69] HARRISON D A, PRICE K H, BELL M P. Beyond relational demography: time and the effects of surface-and deep-level diversity on work group cohe-

sion [J]. Academy of Management Journal, 1998, 41 (1): 96 – 107.

[70] HE P X, ANAND A, WU M Y, et al. How and when voluntary citizenship behaviour towards individuals triggers vicious knowledge hiding: the roles of moral licensing and the mastery climate [J]. Journal of Knowledge Management, 2023, 27 (8): 2162 – 2193.

[71] HESSE-BIBER S. Qualitative approaches to mixed methods practice [J]. Qualitative Inquiry, 2010, 16 (6): 455 – 468.

[72] HILMERT C J, KULIK J A, CHRISTENFELD N. Positive and negative opinion modeling: the influence of another's similarity and dissimilarity [J]. Journal of Personality and Social Psychology, 2006, 90 (3): 440 – 452.

[73] HIRST G, KNIPPENBERG D V, CHEN C H, et al. How does bureaucracy impact individual creativity? A cross-level investigation of team contextual influences on goal orientation-creativity relationships [J]. Academy of Management Journal, 2011, 54 (3): 624 – 641.

[74] HORA S, LEMOINE G J, XU N, et al. Unlocking and closing the gender gap in creative performance: a multilevel model [J]. Journal of Organizational Behavior, 2021, 42 (3): 297 – 312.

[75] HUANG L, RASIKOVA D V, LIU D. I can do it, so can you: the role of leader creative self-efficacy in facilitating follower creativity [J]. Organizational Behavior and Human Decision Processes, 2016, 132: 49 – 62.

[76] HUANG X, IUN J. The impact of subordinate-supervisor similarity in growth-need strength on work outcomes: the mediating role of perceived similarity [J]. Journal of Organizational Behavior, 2006, 27 (8): 1121 – 1148.

[77] HUBERMAN B A, LOCH C H, ÖNCULER A. Status as a valued resource [J]. Social Psychology Quarterly, 2004, 67 (1): 103 – 114.

[78] HU J J, XIONG L, ZHANG M Y, et al. The mobilization of employees' psychological resources: how servant leadership motivates pro-customer deviance [J]. International Journal of Contemporary Hospitality Management,

2023，35（1）：115 – 136.

［79］ JAUSSI K S，RANDEL A E. Where to look? Creative self-efficacy，knowl-edge retrieval，and incremental and radical creativity ［J］. Creativity Re-search Journal，2014，26（4）：400 – 410.

［80］ JEONG I，GONG Y，ZHONG B J. Does an employee-experienced crisis help or hinder creativity? An integration of threat-rigidity and implicit theories ［J］. Journal of Management，2023，49（4）：1394 – 1429.

［81］ KANFER R，ACKERMAN P L，MURTHA T C，et al. Goal setting，condi-tions of practice，and task performance：a resource allocation perspective ［J］. Journal of Applied Psychology，1994，79（6）：826 – 835.

［82］ KANG S，KIM J W. The fragility of experts：a moderated-mediation model of expertise，expert identity threat，and over precision ［J］. Academy of Management Journal，2022，65（2）：577 – 605.

［83］ KAPADIA C，MELWANI S. More tasks，more ideas：the positive spillover effects of multitasking on subsequent creativity ［J］. Journal of Applied Psy-chology，2021，106（4）：542 – 559.

［84］ KEITH M G，JAGACINSKI C M. Tell me what to do not how to do it：influ-ence of creative outcome and process goals on creativity ［J］. Journal of Crea-tive Behavior，2023，57（2）：285 – 304.

［85］ KHAN S M，ABBAS J. Mindfulness and happiness and their impact on em-ployee creative performance：mediating role of creative process engagement ［J］. Thinking Skills and Creativity，2022，44：101027.

［86］ KIM T L，SHAPIRO D L，AQUINO K，et al. Workplace offense and victims' reactions：the effects of victim-offender（dis）similarity，offense-type，and cultural differences ［J］. Journal of Organizational Behavior，2008，29：415 – 433.

［87］ KIM Y J，KIM J. Does negative feedback benefit（or harm）recipient crea-tivity? The role of the direction of feedback flow ［J］. Academy of Management Journal, 2020, 63 (2): 584 – 612.

[88] KOSEOGLU G, LIU Y, SHALLEY C E. Working with creative leaders: exploring the relationship between supervisors' and subordinates' creativity [J]. Leadership Quarterly, 2017, 28 (6): 798 – 811.

[89] KUHNEL J, BLEDOW R, KIEFER M. There is a time to be creative: the alignment between chronotype and time of day [J]. Academy of Management Journal, 2022, 65 (1): 218 – 247.

[90] KWAN H K, ZHANG X M, LIU J, et al. Workplace ostracism and employee creativity: an integrative approach incorporating pragmatic and engagement roles [J]. Journal of Applied Psychology, 2018, 103 (12): 1358 – 1366.

[91] LAM S S K, SCHAUBROECK J. Reactions to being promoted and to being passed over: a quasi-experiment [J]. Academy of Management Journal, 2000, 43 (1): 66 – 78.

[92] LANDRENEAU E, HALPIN G. The influence of modeling on children's creative performance [J]. Journal of Educational Research, 1978, 71 (3): 137 – 139.

[93] LANKAU M J, THOMAS C H, RIORDAN C M. The effects of similarity and liking in formal relationships between mentors and proteges [J]. Journal of Vocational Behavior, 2005, 67 (2): 252 – 265.

[94] LAZEAR E P, ROSEN S. Rank-order tournaments as optimum labor contracts [J]. Journal of Political Economy, 1981, 89 (5): 841 – 865.

[95] LAZEAR E P. The job as a concept. in: W. J. Bruns (Ed.). Performance measurement, evaluation, and incentives [M]. Boston, MA: Harvard Business School Press, 1992: 183 – 215.

[96] LEE T K, SHAPIRO M A. Effects of a story character's goal achievement: modeling a story character's diet behaviors and activating/deactivating a character's diet goal [J]. Communication Research, 2016, 43 (6): 863 –

891.

[97] LI C R, YANG Y Y, LIN C J, et al. Within-person relationship between creative self-efficacy and individual creativity: the mediator of creative process engagement and the moderator of regulatory focus [J]. Journal of Creative Behavior, 2021, 55 (1): 63 – 78.

[98] LIDEN R C, WAYNE S J, STILWELL D. A longitudinal study on the early development of leader member exchanges [J]. Journal of Applied Psychology, 1993, 78 (4): 662 – 674.

[99] LIN B L, LAW K S, ZHOU, J. Why is underemployment related to creativity and OCB? A task crafting explanation of the curvilinear moderated relations [J]. Academy of Management Journal, 2017, 60 (1): 156 – 177.

[100] LIN M Z, WU X Y, LI X L. Who are the empowered employees: those with high work performance or high ethical behavior? [J]. Journal of Business Ethics, 2022, 86 (3): 615 – 631.

[101] LIN N, ENSEL L C, VAUGHN J C. Social resources and strength of ties: structural factors in occupational status attainment [J]. American Sociological Review, 1981, 46 (4): 393 – 405.

[102] LI P, ZHANG Z S, ZHANG Y, et al. From implicit theories to creative achievements: the mediating role of creativity motivation in the relationship between stereotypes, growth mindset, and creative achievement [J]. Journal of Creative Behavior, 2021, 55 (1): 199 – 214.

[103] LITTLE T D, CUNNINGHAM W A, SHAHAR G, et al. To parcel or not to parcel: exploring the question, weighing the merits [J]. Structural Equation Modeling, 2002, 9 (2): 151 – 173.

[104] LITTLE T D, RHEMTULLA M, GIBSON K, et al. Why the items versus parcels controversy needn't be one [J]. Psychological Methods, 2013, 18 (3): 285 – 300.

[105] LIU D, JIANG K F, SHALLEY C E, et al. Motivational mechanisms of

employee creativity: a meta-analytic examination and theoretical extension of the creativity literature [J]. Organizational Behavior and Human Decision Processes, 2016, 137: 236 – 263.

[106] LIU D, LIAO H, LOI R. The dark side of leadership: a three-level investigation of the cascading effect of abusive supervision on employee creativity [J]. Academy of Management Journal, 2012, 55 (5): 1187 – 1212.

[107] LIU H, XU F, WU C. The role of synergistic interplay among LMX, leader creativity expectations and job characteristics in stimulating creative process engagement [J]. Management Decision, 2023a, 61 (3): 610 – 636.

[108] LIU T, LI P, ZHANG S Z, et al. Using daily creativity planning to promote creative behavior [J]. Journal of Creative Behavior, 2023b, 57 (1): 82 – 95.

[109] LIU X, LIAO H, DERFLER-ROZIN R, et al. In line and out of the box: how ethical leaders help offset the negative effect of morality on creativity [J]. Journal of Applied Psychology, 2020, 105 (12): 1447 – 1465.

[110] LIU Y, JANSSEN O, VRIEND T. How self-construals relate to employee incremental and radical creativity: a behavioral strategy perspective [J]. European Journal of Work and Organizational Psychology, 2022, 31 (5): 755 – 767.

[111] LIU Y, VRIEND T, JANSSEN O. To be (creative), or not to be (creative)? A sense making perspective to creative role expectations [J]. Journal of Business and Psychology, 2021, 36 (2): 139 – 153.

[112] LIU Z Q, PAN X Q, ZHU T T. Status-striving orientation, creative deviance engagement and employee creativity: perspective of structural strain [J]. Chinese Management Studies, 2021, 15 (4): 821 – 842.

[113] LI Y, LI N, GUO J Z, et al. A network view of advice-giving and individual creativity in teams: a brokerage-driven, socially perpetuated phenome-

non [J]. Academy of Management Journal, 2018, 61 (6): 2210 – 2229.

[114] LONG L R, TU Y, WANG H J, et al. The content of the threat matters: the differential effects of quantitative and qualitative job insecurity on different types of employee motivation [J]. Journal of Business and Psychology, 2022, 37 (2): 297 – 310.

[115] LU S, BARTOL K M, VENKATARAMANI V, et al. Pitching novel ideas to the boss: the interactive effects of employees' idea enactment and influence tactics on creativity assessment and implementation [J]. Academy of Management Journal, 2019, 62 (2): 579 – 606.

[116] MADJAR N, GREENBERG E, CHEN Z. Factors for radical creativity, incremental creativity, and routine, noncreative performance [J]. Journal of Applied Psychology, 2011, 96 (4): 730 – 743.

[117] MALIK M, JIN N C, BUTT A N. Distinct effects of intrinsic motivation and extrinsic rewards on radical and incremental creativity: the moderating role of goal orientations [J]. Journal of Organizational Behavior, 2019, 40 (9 – 10): 1013 – 1026.

[118] MANNUCCI P V, PERRY-SMITH J E. "who are you going to call?" Network activation in creative idea generation and elaboration [J]. Academy of Management Journal, 2022, 64 (4): 1192 – 1217.

[119] MANNUCCI P V, YONG K. The differential impact of knowledge depth and knowledge breadth on creativity over individual careers [J]. Academy of Management Journal, 2018, 61 (5): 1741 – 1763.

[120] MAO J Y, QUAN J, LI Y, et al. The differential implications of employee narcissism for radical versus incremental creativity: a self-affirmation perspective [J]. Journal of Organizational Behavior, 2021, 42 (7): 933 – 949.

[121] MAO J Y, XIAO J C, LIU X, et al. Emulating coworkers: how and when

coworker ideation facilitates employee ideation [J]. Creativity Research Journal, 2022, 35 (1): 1 – 17.

[122] MARX D M, KO S J. Superstars "like" me: the effect of role model similarity on performance under threat [J]. European Journal of Social Psychology, 2012, 42 (7): 807 – 812.

[123] MIRON-SPEKTOR E, VASHDI D R, GOPHER H. Bright sparks and enquiring minds: differential effects of goal orientation on the creativity trajectory [J]. Journal of Applied Psychology, 2022, 107 (2): 310 – 318.

[124] MOTRO D, SPOELMA T M, ELLIS A P J. Incivility and creativity in teams: examining the role of perpetrator gender [J]. Journal of Applied Psychology, 2021, 106 (4): 560 – 581.

[125] MUELLER L K. Beneficial and detrimental modeling effects on creative response production [J]. Journal of Psychology: Interdisciplinary and Applied, 1978, 98 (2): 253 – 260.

[126] MUMFORD M D, GUSTAFSON S B. Creativity syndrome: integration, application, and innovation [J]. Psychological Bulletin, 1988, 103 (1): 27 – 43.

[127] MUTHEN L K, MUTHEN B O. Mplus user's guide [M]. 7th Ed. Los Angeles, CA: Muthén and Muthén, 2012.

[128] NABI N, LIU Z Q, HASAN N. Examining the nexus between transformational leadership and follower's radical creativity: the role of creative process engagement and leader creativity expectation [J]. International Journal of Emerging Markets, 2022, 18 (10): 4383 – 4407.

[129] NERSTAD C G L, ROBERTS G C, RICHARDSEN A M. Achieving success at work: the development and validation of the motivational climate at work questionnaire (MCWQ) [J]. Journal of Applied Social Psychology, 2013, 43 (11): 2231 – 2250.

[130] NETEMEYER R G, HEILMAN C M, MAXHAM J G. Identification with

the retail organization and customer-perceived employee similarity: effects on customer spending [J]. Journal of Applied Psychology, 2012, 97 (5): 1049 – 1058.

[131] NEUENDORF K A. The content analysis guidebook [M]. 2nd Ed. Thousand Oaks: Sage Publications, 2017.

[132] NG T, SHAO Y, KOOPMANN J, et al. The effects of idea rejection on creative self-efficacy and idea generation: intention to remain and perceived innovation importance as moderators [J]. Journal of Organizational Behavior, 2022, 43 (1): 146 – 163.

[133] NG T W H, LUCIANETTI L. Goal striving, idiosyncratic deals, and job behavior [J]. Journal of Organizational Behavior, 2016, 37 (1): 41 – 60.

[134] NGUYEN T P L, PHAN T T H, TRAN N M, et al. The effects of empowering and transformational leadership on the creativity of Vietnam telecommunication enterprises employees [J]. Journal of Organizational Behavior, 2020, 5 (2): 32 – 51.

[135] NG Y L, KULIK C T, BORDIA P. The moderating role of intergroup contact in race composition, perceived similarity, and applicant attraction relationships [J]. Journal of Business and Psychology, 2016, 31 (3): 415 – 431.

[136] OLDHAM G R, CUMMINGS A. Employee creativity: personal and contextual factors at work [J]. Academy of Management Journal, 1996, 39 (3): 607 – 634.

[137] PAUSTIAN-UNDERDAHL S C, KING E B, ROGELBERG S G, et al. Perceptions of supervisor support: resolving paradoxical patterns across gender and race [J]. Journal of Occupational and Organizational Psychology, 2017, 90 (3): 436 – 457.

[138] PEARSALL M J, ELLIS A P J, EVANS J M. Unlocking the effects of gen-

der faultlines on team creativity: is activation the key? [J]. Journal of Applied Psychology, 2008, 93 (1): 225 – 234.

[139] PETRIGLIERI J L. Under threat: responses to and the consequences of threats to individuals' identities [J]. Academy of Management Review, 2011, 36 (4): 641 – 662.

[140] PHELAN S E, LIN Z. Promotion systems and organizational performance: a contingency model [J]. Computational & Mathematical Organization Theory, 2001, 7: 207 – 232.

[141] PREACHER K J, ZYPHUR M J, ZHANG Z. A general multilevel SEM framework for assessing multilevel mediation [J]. Psychological Methods, 2010, 15 (3): 209 – 233.

[142] PUOZZO I C, AUDRIN C. Improving self-efficacy and creative self-efficacy to foster creativity and learning in schools [J]. Thinking Skills and Creativity, 2021, 42: 100966.

[143] RICHARD O C, AVERY D R, LUKSTYTE A, et al. Improving organizational newcomers' creative job performance through creative process engagement: the moderating role of a synergy diversity climate [J]. Personnel Psychology, 2019, 72 (3): 421 – 444.

[144] ROBERTS G C. Motivation in sport and exercise from an achievement goal theory perspective: after 30 years, where are we? [M]//ROBERTS G C, TREASURE D. Advances in motivation in sport and exercise. Champaign, IL: Human Kinetics, 2012: 5 – 58.

[145] ROTH P L, ARNOLD J D, WALKER H J, et al. Organizational political affiliation and job seekers: if I don't identify with your party, am I still attracted? [J]. Journal of Applied Psychology, 2022, 107 (5): 724 – 745.

[146] SCHAUBROECK J, LAM S. How similarity to peers and supervisor influences organizational advancement in different cultures [J]. Academy of

Management Journal, 2002, 45 (6): 1120 – 1136.

[147] SHAH P P. Who are employees' social referents? Using a network perspective to determine referent others [J]. Academy of Management Journal, 1998, 41 (3): 249 – 268.

[148] SHALLEY C E, PERRY-SMITH J E. Effects of social-psychological factors on creative performance: the role of informational and controlling expected evaluation and modeling experience [J]. Organizational Behavior and Human Decision Processes, 2001, 84 (1): 1 – 22.

[149] SHALLEY C E, ZHOU J, OLDHAM G R. The effects of personal and contextual characteristics on creativity: where should we go from here? [J]. Journal of Management, 2004, 30 (6): 933 – 958.

[150] SHIH H A, NGUYEN T V, CHIANG Y H. Perceived HPWP, presence of creative coworkers and employee innovative performance [J]. Personnel Review, 2021, 50 (9): 1820 – 1837.

[151] SHIN J, GRANT A M. When putting work off pays off: the curvilinear relationship between procrastination and creativity [J]. Academy of Management Journal, 2021, 64 (3): 772 – 798.

[152] SHIN S J, KIM T L, LEE J Y, et al. Cognitive team diversity and individual team member creativity: a cross-level interaction [J]. Academy of Management Journal, 2012, 55 (1): 197 – 212.

[153] SHIN S J, ZHOU J. Transformational leadership conservation and creativity: evidence from Korea [J]. Academy of Management Journal, 2003, 46 (6): 703 – 714.

[154] SMITH R H. Assimilative and contrastive emotional reactions to upward and downward social comparisons [M]//SULS J, WHEELER L. Handbook of social comparison. Boston, MA: Springer, 2000: 173 – 200.

[155] SODA G B, MANNUCCI P V, BURT R S. Networks, creativity, and time: staying creative through brokerage and network rejuvenation [J].

Academy of Management Journal, 2021, 64 (4): 1164 – 1190.

［156］ SOLBERG E, SVERDRUP T E, SANDVIK A M, et al. Encouraging or expecting flexibility? How small business leaders' mastery goal orientation influences employee flexibility through different work climate perceptions ［J］. Human Relations, 2022, 75 (12): 2246 – 2271.

［157］ SONG W H, YU H Y, ZHANG Y L, et al. Goal orientation and employee creativity: the mediating role of creative role identity ［J］. Journal of Management & Organization, 2015, 21 (1): 82 – 97.

［158］ STOLLBERGER J, HERAS M L, ROFCANIN Y. Sharing is caring: the role of compassionate love for sharing coworker work-family support at home to promote partners' creativity at work ［J］. Journal of Applied Psychology, 2022, 107 (10): 1824 – 1842.

［159］ SUNG S Y, RHEE Y W, LEE J E, et al. Dual pathways of emotional competence towards incremental and radical creativity: resource caravans through feedback-seeking frequency and breadth ［J］. European Journal of Work and Organizational Psychology, 2020, 29 (3): 421 – 433.

［160］ TAN C S, LAU X S, LEE L K. The mediating role of creative process engagement in the relationship between shyness and self-rated creativity ［J］. Journal of Creative Behavior, 2019, 53 (2): 222 – 231.

［161］ TANG C Y, DUAN Q H, LONG H Y. How do parents influence student creativity? Evidence from a large-scale survey in China ［J］. Thinking Skills and Creativity, 2022, 46: 101134.

［162］ TANG C Y, NAUMANN S E. The impact of three kinds of identity on research and development employees' incremental and radical creativity ［J］. Thinking Skills and Creativity, 2016, 21: 123 – 131.

［163］ TANG C Y, ZHANG G Y, NAUMANN S E. When do structural holes in employees' networks improve their radical creativity? A moderated mediation model ［J］. R&D Management, 2017, 47 (5): 755 – 766.

[164] TANG S, NADKARNI S, WEI L, et al. Balancing the Yin and Yang: TMT gender diversity, psychological safety, and firm ambidextrous strategic orientation in Chinese high-tech SMEs [J]. Academy of Management Journal, 2021, 64 (5): 1578 – 1604.

[165] TEPPER B J, MOSS S E, DUFFY M K. Predictors of abusive supervision: supervisor perceptions of deep-level dissimilarity, relationship conflict, and subordinate performance [J]. Academy of Management Journal, 2011, 54 (2): 279 – 294.

[166] TESSER A, CAMPBELL J. Self-definition: the impact of the relative performance and similarity of others [J]. Social Psychology Quarterly, 1980, 43 (3): 341 – 347.

[167] TESSER A, MILLAR M, MOORE J. Some affective consequences of social comparison and reflection processes: the pain and pleasure of being close [J]. Journal of Personality and Social Psychology, 1988, 54 (1): 49 – 61.

[168] TESSER A. Toward a self-evaluation maintenance model of social behavior [J]. Advances in Experimental Social Psychology, 1988, 21: 181 – 227.

[169] TIERNEY P, FARMER S M. Creative self-efficacy development and creative performance over time [J]. Journal of Applied Psychology, 2011, 96 (2): 277 – 293.

[170] TIERNEY P, FARMER S M. Creative self-efficacy: its potential antecedents and relationship to creative performance [J]. Academy of Management Journal, 2002, 45 (6): 1137 – 1148.

[171] TURBAN D B, JONES A P. Supervisor-subordinate similarity: types, effects, and mechanisms [J]. Journal of Applied Psychology, 1988, 73 (2): 228 – 234.

[172] TZAFRIR S S, HARELI S. Employees' emotional reactions to promotion decisions [J]. Career Development International, 2009, 14 (4): 351 –

371.

[173] VAN EMMERIK I H, BRENNINKMEIJER V. Deep-level similarity and group social capital: associations with team functioning [J]. Small Group Research, 2009, 40 (6): 650 – 669.

[174] VAN KNIPPENBERG D, HIRST G. A motivational lens model of person × situation interactions in employee creativity [J]. Journal of Applied Psychology, 2020, 105 (10): 1129 – 1144.

[175] VENKATARAMANI V, RICHTER A W, CLARKE R. Creative benefits from well-connected leaders: leader social network ties as facilitators of employee radical creativity [J]. Journal of Applied Psychology, 2014, 99 (5): 966 – 975.

[176] VINCENT L C, KOUCHAKI M. Creative, rare, entitled, and dishonest: how commonality of creativity in one's group decreases an individual's entitlement and dishonesty [J]. Academy of Management Journal, 2016, 59 (4): 1451 – 1473.

[177] WANG A C, CHENG B S. When does benevolent leadership lead to creativity? The moderating role of creative role identity and job autonomy [J]. Journal of Organizational Behavior, 2010, 31 (1): 106 – 121.

[178] WANG S C, WU J L, HE C Q, et al. The impact of authoritarian leadership on employee creativity: the joint moderating roles of benevolent leadership and power distance [J]. Journal of Managerial Psychology, 2022, 37 (6): 527 – 544.

[179] WANG X, WANG M, XU F. Domain knowledge and role clarity moderate the relationship between proactive personality and employee radical creativity [J]. Social Behavior and Personality: An International Journal, 2022, 50 (7): e11570.

[180] WANG Z, BU X, CAI S. Core self-evaluation, individual intellectual capital and employee creativity [J]. Current Psychology, 2021, 42 (2):

1203 – 1217.

[181] WEBSTER J R, BEEHR T A. Antecedents and outcomes of employee perceptions of intra-organizational mobility channels [J]. Journal of Organizational Behavior, 2013, 34 (7): 919 – 941.

[182] WOODMAN R W, SAWYER J E, GRIFFIN R W. Toward a theory of organizational creativity [J]. Academy of Management Review, 1993, 18 (2): 293 – 321.

[183] WU T J, ZHANG R X, LI J M. How does goal orientation fuel hotel employees' innovative behaviors? A cross-level investigation [J]. Current Psychology, 2022, 42 (27): 1 – 15.

[184] WU X Y, MA F. How perceived overqualification affects radical creativity: the moderating role of supervisor-subordinate guanxi [J]. Current Psychology, 2022, 42 (29): 1 – 15.

[185] XU F, WANG X. Leader creativity expectations and follower radical creativity: based on the perspective of creative process [J]. Chinese Management Studies, 2019, 13 (1): 214 – 234.

[186] XU L N, LIU Z, JI M, et al. Leader perfectionism—friend or foe of employee creativity? Locus of control as a key contingency [J]. Academy of Management Journal, 2022, 65 (6): 2092 – 2117.

[187] XU S, JIANG X, WALSH I J. The influence of openness to experience on perceived employee creativity: the moderating roles of individual trust [J]. Journal of Creative Behavior, 2016, 52 (2): 142 – 155.

[188] XU Z T, LI X M, SUN X M, et al. The relationship between self-sacrificial leadership and employee creativity: multilevel mediating and moderating role of shared vision [J]. Management Decision, 2022, 60 (8): 2256 – 2271.

[189] YANG J, CHANG M, CHEN Z, et al. The chain mediation effect of spiritual leadership on employees' innovative behavior [J]. Leadership & Or-

ganization Development Journal, 2020, 42 (1): 114 - 129.

[190] YANG J, LEE H W, ZHANG X M. What does it take for voice opportunity to lead to creative performance? Supervisor listening as a boundary condition [J]. Journal of Business and Psychology, 2021, 36 (6): 1137 - 1150.

[191] YOUNAS A, WANG D P, JAVED B, et al. Positive psychological states and employee creativity: the role of ethical leadership [J]. Journal of Creative Behavior, 2020, 54 (3): 567 - 581.

[192] YU M, CHOI J N. How do feedback seekers think? Disparate cognitive pathways towards incremental and radical creativity [J]. European Journal of Work and Organizational Psychology, 2022, 31 (3): 470 - 483.

[193] ZELLMER-BRUHN M E, MALONEY M M, BHAPPU A D, et al. When and how do differences matter? An exploration of perceived similarity in teams [J]. Organizational Behavior and Human Decision Processes, 2008, 107 (1): 41 - 59.

[194] ZHANG H, LI F, REYNOLDS K J. Creativity at work: exploring role identity, organizational climate and creative team mindset [J]. Current Psychology, 2022, 41 (5): 1 - 8.

[195] ZHANG M J, ZHANG Y, LAW K S. Paradoxical leadership and innovation in work teams: the multilevel mediating role of ambidexterity and leader vision as a boundary condition [J]. Academy of Management Journal, 2022, 65 (5): 1652 - 1679.

[196] ZHANG Q Y, WANG X H, NERSTAD C G L, et al. Motivational climates, work passion, and behavioral consequences [J]. Journal of Organizational Behavior, 2022, 43 (9): 1579 - 1597.

[197] ZHANG X A, LIAO H Y, LI N, et al. Playing it safe for my family: exploring the dual effects of family motivation on employee productivity and creativity [J]. Academy of Management Journal, 2020, 63 (6): 1923 - 1950.

［198］ ZHANG X M, BARTOL K M. Linking empowering leadership and employee creativity: the influence of psychological empowerment, intrinsic motivation, and creative process engagement ［J］. Academy of Management Journal, 2010, 53 (1): 107 – 128.

［199］ ZHANG X M, ZHOU J. Empowering leadership, uncertainty avoidance, trust, and employee creativity: interaction effects and a mediating mechanism ［J］. Organizational Behavior and Human Decision Processes, 2014, 124 (2): 150 – 164.

［200］ ZHANG Y, ZHANG J, GU J, et al. Employee radical creativity: the roles of supervisor autonomy support and employee intrinsic work goal orientation ［J］. Innovation Organization & Management, 2022, 24 (2): 272 – 289.

［201］ ZHAO Y X, ZHOU K, LIU W X. Why and when narcissistic employees are more creative in the workplace? A social cognitive perspective ［J］. Management and Organization Review, 2023, 19 (3): 567 – 593.

［202］ ZHENG X S, DIAZ I, ZHENG X T, et al. From deep-level similarity to taking charge: the moderating role of face consciousness and managerial competency of inclusion ［J］. Leadership & Organization Development Journal, 2017, 38 (1): 89 – 104.

［203］ ZHOU J, OLDHAM G R, CHUANG A, et al. Enhancing employee creativity: effects of choice, rewards and personality ［J］. Journal of Applied Psychology, 2022, 107 (3): 503 – 513.

［204］ ZHOU J. When the presence of creative coworkers is related to creativity: role of supervisor close monitoring, developmental feedback, and creative personality ［J］. Journal of Applied Psychology, 2003, 88 (3): 413 – 422.

［205］ ZHU D H, JIA L D, LI F. Too much on the plate? How executive job demands harm firm innovation and reduce share of exploratory innovations ［J］. Academy of Management Journal, 2022, 65 (2): 606 – 633.

［206］ ZHU L Y, BAUMAN C W, YOUNG M J. Unlocking creative potential: reappraising emotional events facilitates creativity for conventional thinkers ［J］. Organizational Behavior and Human Decision Processes, 2023 (174): 104209.

［207］ ZIMMERMAN B J, DIALESSI F. Modeling influences on children's creative behavior ［J］. Journal of Educational Psychology, 1973, 65 (1): 127 - 134.